——中国案例教学研究开拓者 余凯成

余凯成教授编写和出版了数十部教材和案例教学指导书,他编著的《管理案例学》《组织行为学》《人力资源开发与管理》《当代中国工商管理案例研究》《组织行为学·人力资源管理案例与练习》等著作是当时管理学界最早的一批管理学专著与教材。余凯成教授为国内培养了大量组织行为学、管理案例教学方面的人才。他们中大多数已经成长为国内管理学界的著名学者和中坚力量。

王淑娟　董大海　◎编

大连理工大学出版社
DALIAN UNIVERSITY OF TECHNOLOGY PRESS

图书在版编目(CIP)数据

初心不改：中国案例教学研究开拓者余凯成 / 王淑娟，董大海编． -- 大连：大连理工大学出版社，2024.10（2024.10重印）
　　ISBN 978-7-5685-4592-1

Ⅰ．①初… Ⅱ．①王… ②董… Ⅲ．①教学研究 Ⅳ．① G420

中国国家版本馆 CIP 数据核字（2023）第 195486 号

CHUXIN BUGAI:
ZHONGGUO ANLI JIAOXUE YANJIU KAITUOZHE YUKAICHENG

大连理工大学出版社出版
地址：大连市软件园路80号　　邮政编码：116023
发行：0411-84708842　邮购：0411-84708943　传真：0411-84701466
E-mail：dutp@dutp.cn　　URL：https://www.dutp.cn
大连图腾彩色印刷有限公司印刷　　大连理工大学出版社发行

幅面尺寸：170mm×240mm	印张：13	字数：182千字
2024年10月第1版		2024年10月第2次印刷
策划编辑：邵　婉		责任编辑：朱诗宇
责任校对：张　娜		封面设计：奇景创意

ISBN 978-7-5685-4592-1　　　　　　　　　　　　　定价：75.00元

本书如有印装质量问题，请与我社发行部联系更换。

序言
PREFACE

在中国管理教育的发展历程中，余凯成教授宛如一颗璀璨的星辰，照亮了前行的道路。他作为中国管理案例教学的开拓者，以其卓越的智慧、无畏的勇气和坚定的信念，为我国的管理教育事业注入了新的活力与生机。

余凯成教授的人生历程，是一部充满传奇色彩的奋斗史。他1932年10月1日生于湖南长沙，后就读于上海南洋模范中学，并以优异的成绩顺利考入上海交通大学。1950年朝鲜战争爆发，充满爱国情怀的热血青年余凯成毅然报名参军，被安排至沈阳第八空军航校任教。后来，他经历了一段坎坷，被下放到辽宁绥中一个农场劳动改造，但这些都未能让他放弃对知识的热爱。后又被调到安徽铜陵有色金属公司担任技术员、工程师、教员。1980年，是余凯成教授人生的重要转折点。中国工业科技管理大连培训中心的成立，为他提供了施展才华的广阔舞台。此后，公派赴美访学的经历，进一步拓宽了他的视野，他敏锐地洞察到案例教学对于中国管理教育的重要性和紧迫性，并将其融会贯通，为日后成为管理学大家筑牢了根基。

他率先引入国外先进的案例教学理念和方法，结合中国的实际情况，进行本土化的创新与实践。从编写第一批具有中国特色的管理教学案例，到举办首期管理案

初心不改
中国案例教学研究开拓者余凯成

例教学与编写培训班；从成立管理案例研究会，到创办《管理案例教学研究》学术期刊；从筹建国内第一家案例库，到在全国各地举办三十多期案例师资培训……他使数百名教师从中受益，极大地推动了全国管理院校案例教学与编写工作的发展。

他的著作，如《管理案例学》《人力资源管理》《组织行为学与人力资源管理案例与练习》等，成为管理案例教学领域的经典之作，为广大师生和研究者提供了宝贵的学习资源。他授课时的风采，让人陶醉其中，难以忘怀。他的课堂，充满着智慧的火花和生动的实践案例，让学生们在思考与讨论中领悟管理的真谛。

余凯成教授不仅在学术上成果斐然，更以其高尚的品德和人格魅力，感染着身边的每一个人。他勤奋刻苦、惜时如金、热爱祖国热爱党，对工作充满无限热情；他生活节俭，却对学术研究毫不吝啬；他博学多才，精通多门语言，其出色的外语能力令人赞叹不已，翻译水平更是精妙绝伦，为中外管理知识的交流搭建起了桥梁。工作之余，余凯成教授的才情同样令人折服。他博雅兼通，在30年间作诗400余首，题材丰富、乐观向上、志向弘远。他喜欢绘画速写，记事记景、鲜活生动，并用漫画连画将案例故事情节展示，再加上配音，制作成视频案例，极大地丰富了教学案例的趣味性。

正是他二十多年持之以恒的努力和不懈的坚持，推动了中国管理案例教学的普及和应用。他的开拓精神和卓越贡献，不仅使中国的管理教育与国际接轨，更为培养具有创新精神和实践能力的管理人才奠定了坚实基础。鉴于余凯成教授为管理案例教学事业做出的贡献，国内同行称他为"中国管理案例教学之父"。

我跟随余凯成教授做案例建设十余年，与余凯成教授结下了深厚的师生情谊。2000年五一假期，他到山东企业进行实地调研，回连不久，因高血压脑部出血住院，凭借顽强的意志力与病魔抗争17年，于2017年11月26日与世长辞。余凯成教授生前最大的愿望是想出本自传和诗集。董大海是余凯成教授的得意弟子，作为对余老师的怀念和寄托，我们于2022年11月整理出版了余老师的诗作和速写——《春色无声苏万物——余凯成先生诗画集》。

序言

  这部汇编，收集了余凯成教授本人的文章，其亲人、战友、学生、领导和同事对余凯成教授的回忆文章，余凯成教授用漫画连画和文字结合的形式编写的教学案例，借此向余凯成教授的一生成就致敬。回顾他的开拓之路，我心中充满了敬意和感慨。余凯成教授虽已离世多年，但他的精神永远激励着我们在管理案例教学、开发与研究的道路上不断探索、初心不改，为中国管理人才培养贡献绵薄之力。

王淑娟

2024 年 9 月 20 日

目录
CONTENTS

走近余凯成教授

一、思源母校情 / 2

二、棠棣之花 / 11

三、由表叔变成小叔子 / 15

四、七十年的珍贵友谊 / 24

五、老友余凯成 / 30

六、回忆余凯成 / 39

七、吹尽狂沙始到金 / 41

八、谁是英雄？ / 44

九、同事、师生、挚友和兄长 / 52

十、铜陵从教历程 / 65

十一、亦师亦友我师父 / 68

十二、师恩难忘 / 71

十三、良师——寄给远方的凯成老师 / 79

十四、在大连工作 / 83

十五、平安夜话圣诞曲 / 86

十六、静夜星空忆吾师 / 90

初心不改
中国案例教学研究开拓者余凯成

余凯成案例精选

一、大学篮球队高中锋 / 100

二、第五冶金设计院 / 107

三、固定工资还是佣金制 / 114

四、红旗轻工设计院 / 118

五、贾厂长的难题 / 128

六、凯冶特种金属公司 / 133

七、柳江锡合金厂 / 144

八、青田乳胶制品公司 / 156

九、研究所骨干为啥留不住？ / 170

十、杨家糯米美食厂 / 191

附录

主要经历 / 196

著作 / 197

科技论文 / 198

学术团体与社会兼职 / 199

奖励与荣誉 / 200

走近余凯成教授

一、思源母校情

余凯成

念小学国文课时，总爱抄几句陈词，什么"光阴荏苒"啦、"白驹过隙"啦，是真正的"少年不识愁滋味"。这么多年来一直忙忙碌碌，似乎没空想到时间的流逝，自我感觉还不错。直到最近级友顾慰庆和周通两位告诉我，明年10月是我们南模高中毕业50周年，届时要组织返母校团聚活动，还要求我写出一篇《我与南模》的纪念文章。我才猛醒：哎呀！50年，不就是半个世纪吗？人生有几个"半个世纪"？许多往事忽然地涌上心头，但我哪有时间写出呢？但顾、周两学兄却说："你一定要写，因为你离校以来，经历最坎坷复杂，有不少值得写的素材，可以随手拈来，爱成一文。你就写出一篇吧。"恭敬不如从命，我应该写一篇。

先说说我这几十年的经历吧。我是一个很平凡的人，当然不会有什么惊天动地的事。但其曲折性和戏剧性，却的确是不少人没经历过的。1982年，我拿到了美国一基金会的奖学金，首次赴美进修。我在国内就听说：就读南模高中时与我最投契的同学罗茂能1950年赴美深造。曾有人遇见他在MIT攻读博士。改革开放以来，我曾尽一切努力试图与他重建联系，包括给美驻华代办处及多家美国华人团体写信，托人去查MIT校友录，甚至在当时美国大使恒安石先生来我单位莅临一项开学典礼时，我趁有幸任他译员的机会，拜托过大使阁下代为寻找，都未见效。在美国，首先遇到另两位老同学陈广瑜和姚柱。他们也对罗兄下落不甚了解，三十余年来从无缘谋面。当我几乎要绝望时，一天在MIT图书馆翻阅台湾出的月刊《传记文学》时，发现茂能的父亲罗学谦老伯的一篇纪念亡友的文章，提及"小儿茂能，久居费城，今春曾来台湾省亲"等语。我的"搜索"圈一下子缩到费城了。于是只好冒昧地给慰庆兄的父亲顾毓琇老伯上书，敬乞久居费城的他设法代觅。顾老伯旋即复我说：费城华人众多，但均按政治态度分群，不了解罗君政治态度，很难查访。我最后一招，即致信台北一堂兄，在电话簿中查得罗老伯府上电话，并因此接上了与罗兄已断34年的联系。当我们听得相隔三分之一世纪旧友的声音时，不禁喜极而泣。罗兄的夫人胡采禾女士说，虽然从未谋面，却已相当熟悉，因为这三十多年来，罗兄谈及大陆的亲友，除了他的七叔，就是我了。

1983年6月，我趁学期结束，转学东岸之机，应罗、胡贤伉俪之邀往访。终于相遇于费城汽车站，如在梦中。那时天色暝，罗兄驱车载我们去他们家中。吃罢晚餐，他们便要求我"谈谈这34年的经历"。罗兄已从公司请得两周事假陪我。于是我将自己多年经历中的主要事件侃侃道来，直到次晨天已破晓，他俩仍听得入神，意犹未尽。我说："天亮了，我们该睡一会儿了吧？"他们贤伉俪竟互相对视一眼后，叹道："唉，我们的生活实在太单调了。"和阔别三分之一个世纪的老学友在万里之外的异乡重逢并畅叙别情，当然是极可贵的，于是我口占一首《蝶恋花》小令赠他们：

初心不改
中国案例教学研究开拓者余凯成

> 记得当年年纪小，童稚何知，世上愁多少。
> 一别卅年音问渺，铁鞋踏破难寻找。
> 岁月催人人未老，一念精诚，终遇机缘巧。
> 促膝灯前谈兴好，抬头忽见天方晓。

我南模毕业后，就考入上海交大化工系，交大一建团我就马上入了团。1950年底，战火燃到鸭绿江，"天下兴亡，匹夫有责"，我便响应"参加军干校"号召，投笔从戎，于1950年元月参加了人民空军。在杭州经八个月的政治审查与入伍教育和训练后，是年8月底调往沈阳空军第八航校。又经很短期的强化航空机械训练，就开始担任教学工作。我们这些入过大学的青年，便有幸参与人民空军的建设。

当美国将军范佛里特惊呼"中共几乎一夜之间，就变成一个空军强国"时，我可以自慰的是，我也曾为此做过微薄的贡献。战争时期要在短短3年间建设起20来个空军师，培训任务何等急迫而艰巨。没有星期天，最多时同时要教8个班的课，而且是一边自学，一边教学。真是锻炼人的。

扪心自问，我一直是十分勤奋于学习和工作的，不论是脑力还是体力活，只要是组织要我做的，我都不吝余力。至今我书斋中的座右铭，还有我自题的"戒惰"与"贵恒"两条简短的铭言。当有人以此为背景给我拍了照片，寄给我正在美国深造的学生时，那学生惊问："余老师还要戒惰吗？"在空军的7年中，我立过3次三等功；1956年10月，还有幸出席了在北京召开的全空军的积代会，受到包括毛主席在内的中央首长的接见和合影，并由少尉越级晋升为上尉。彼时我刚满24岁。

经历了学生、军队和农村的生活后，1963年6月我有了体验工厂生活的机会，被调到安徽的一家大型矿冶公司属下的一个机修总厂。我十分珍视这次机会，在车间和科室搞金相热处理技术工作。我努力学习新的专业知识，并试图在实践中做出贡献。

这个车间从我来时只有近 25 平方米的厂房和唯一的一台 30kW 箱式电炉，最后逐步扩至近 700 平方米厂房和几十台各式设备。从厂房工艺布局设计，到设备的选型、引进、安装、调试，以及专用设备的设计和制成，可以说每个地脚螺栓，都倾注了我的心血和努力，我没虚度年华。

1973 年，厂里要办全省第一所七·二一工人大学，指派我为唯一的一名专职教员。在这个两年半一期的训练班里，我先后担任 9 门课程的教学，而专业却非我所专的机床设计。

1979 年 3 月 5 日，部队来专人，恢复了我的军籍，发给军服，做转业处理。公司由于对外交往增多，急需懂专业的外语人才。我在南模学的那点英语，30 年未用，居然被任命为公司英语训练班班主任，并充当公司领导乃至省领导外事业务往来的主力翻译。

1980 年夏，一个偶然机会，得知联合国开发署资助，在北京办起了一所国际经济管理学院，并正式在全国公开招生。虽然公司此时发现我还有用武之地，不愿我去报考，但经过许多周折，我终于报上了名，并以较优成绩被录取。我心中已感到我又面临人生的另一转折。在离开那座待过近 18 年的矿城北上赴京途中，我又填就一首《临江仙》：

潦倒半生回收处，蹉跎几许光阴。

飘摇风雨叹灾频。

纵然"非战罪"，到底意难平。

初心不改
中国案例教学研究开拓者余凯成

> 孰料而今当半百。榜端忽报提名。
> 悬梁、刺股复囊萤。
> 绝尘长啸去，大汉快蹄轻！

在北京是由美国教授讲授现代工商管理。从交大化工转到航校航空机械，又到工厂先搞金相热处理，后到工人大学转攻机械制造与设计，当时已48岁的我又面临第五次改行。这既是挑战，又是机遇。好在我拼劲犹存，奋力一搏，在次年该院高级班结业考试中夺了魁，这大大增强了我的自信。我兴奋地口占一首《西江月》：

> 挺剑搴旗斩将，挥戈夺寨冲关。
> 宝刀未老仗心丹，廉颇犹触斗饭。
> 志孕天涯海角，冲驰万水千山。
> 险峰高峻入云端，"敢一攀乎"曰："敢！"

我被留在北京该院任教。不久，得知中美两国政府合办了一个管理培训中心，专门培训全国高级管理干部，设在大连工学院（现大连理工大学）内，急需懂管理、通英语的人。我于是到国家经委毛遂自荐，又转到大连，充当主力翻译。这里讲学者都是美国各名校的资深教授，使我眼界大开。次年秋，我拿到了美国一基金会的奖学金，得到赴美深造的机会。

1982年10月，我恰好50岁整，告别妻小，负笈远行。坐在波音747飞机上越过太平洋，飞往旧金山，恍如梦境。于是诌得一阕《菩萨蛮》：

> 扶摇拔地冲天际，鹏飞万里凭双翼。
> 远去是神州，悄然游子愁。
> 昔有乘桴志，欲取他山石。

凤愿慰生平，"花旗"负笈行。

这次在美国待到 1984 年，先后在东西两岸三所大学进修，两度坐长途汽车横穿美国大陆，历 26 州，大长见识，与南模同学罗茂能、姚柱和陈广瑜三学兄欢晤。当时有些亲友力主我留美勿归，但我归志已决。在归途机中，口占《清平乐》一首以明志：

归心似箭，异域何堪恋。
身寄他乡人未变，根在神州赤县。
一泓碧水无垠，临风展翅银鹰。
载我高飞万里，早见吾土吾民。

回国后虽然后来又曾多次出国，但我已选定大连这个依山面海的美丽城市为家，转瞬来此又近 18 年了。在大连理工大学评上了教授，担任了培训中心的教务长，被十来所国内外大学授予兼职或客座职位，发表过 10 余本著作与译作，约 60 来篇论文，并被选为自己专业全国学会 IU 的副会长。学术上与许多学长比，我还是瞠乎其后的。但我只读过一年半大学，却遍历工、农、兵、学、商（如果涉足企业咨询能算从商的话）五业，成就与挫折，痛苦与欢乐，打击与勉励，无不遍尝。自忖此生精神上尚称坚韧，工作上可算勤奋，几番起伏，绝不如哪位易学家所说，是命运确定。事实证明，我个人的升沉，是与国家的形势密不可分的：当路线正确时，则运兴，个人也有发展机会；路线错误，则势衰，个人也随之受难。

在回首往事时，如果说我有过寸进，都离不开母校南模那些年的学习生活。具体说来，首先是使我能接触到革命的真理。南模学生大多出生于较富裕家庭，对政治不感兴趣，对国民党统治的腐败与媚外，虽有不满，但整日主要兴趣在读书，踢小橡皮球，看电影，追求的是考上交大或清华，学理工，将来留学，当工程师，我是其中较典型的一个。感谢南模地下党组织，居然在这样一所学校中打开那样大的局面。他们是真正具有开拓精神和灵活策略的。我们乙组70多人，本来只有谢绍申（现名李仁杰）一个革命种子。面对这群工作对象，怎样才能最有效地把革命真理的光辉照进他们的心里去？

记得1946年"沈崇事件"，南模学生也破例地罢一天课，但主要并不是出于对美军暴行的愤恨，其中有不少凑热闹、跟潮流、偷得一日闲的成分。待到后来"反美抗日"等运动，便动不起来了。我还清楚记得谢绍申那张才15岁的稚气未消的脸，在台上对全班做动员而大家无动于衷，使他因气愤而激动得涨红着。

有此教训，他们知道欲速不达，必须迂回进攻，分化争取。一方面，谢绍申热情主动地为同学们服务，如代买汽车月票、做公益工作等；另一方面，则团结班上年龄与体型较小、背景较单纯的同学，一起温课和踢球，渐渐把大家团结起来，成立了"三益社"。我有幸是其中的一员。"三益社"本是松散的社交性的小团体，便于我们这批趣味相投的同学课外学习与娱乐的组织。等到时机成熟，他便以"分工阅读社会科学书籍，交流讨论"为名义，使大家通过自学与自由讨论，提高认识。当时国民党败象已显，国内革命热潮高涨，包括我在内的同学们，才接触到毛主席写的《新民主主义论》《论联合政府》等阐明党的民主革命纲领的名著，渐渐向左转，后来在1948年末到1949年初，大部分都加入到党的外围组织"新民主主义青年联合会"中来，有些则入了党。在这里，我接受了影响我一生至大的马克思主义的启蒙。

南模高中的生活，也使我模糊地受到民主主义、人本主义价值观的熏染。

在思想影响方面，我要提到南模高中二年级英语课李松涛老师讲授的19世纪美国诗人朗费罗的那首名诗："A Psalm of Life"。我被这首诗深深吸引着，它反映的资本主义上升阶段，"新教徒伦理"所提倡的勤奋上进、劳动创造的价值观，一直使我激动。几十年来我都能默诵它，尤其在困境中，它使我不自暴自弃而有勇气坚持诚实的劳动。1978年6月，我试用五言古体形式把它译成汉语，但直到1997年底，才由《英语世界》月刊在当年第12期上刊出。我现摘出其中四小段警句，看它是如何鼓舞人心的：

Life is real. Life is earnest!
生命诚真切，生命诚热烈！
And the grave is not its goal.
"子系土中来，还归土中灭。"
Dust thou art,to dust returnest.
坟墓非其极，焉能任嘲虚。
Was not spoken of the soul. Not enjoyment, and not sorrow.
享乐与哀愁，均非所致求。
Is our destined end or way.
人生有真谛，实干永不休。
But to act,that each tomorrow.
逐日得前进，欣慰喜回眸。
Find us farther than today.Trust no future, howe'er pleasant!
慎莫陷遐思，往事埋荒草。
Let the dead past bury its dead!
立尺尘世间，实干持终老。
Act, act in the living Present!
良知本兄际，信仰坚不倒。
Heart within, and god o'erhead. Let us, then, be up and doing.

初心不改
中国案例教学研究开拓者余凯成

>吾辈宜奋起，雄心对万难。
>With a heart for any fate.
>创建誓不懈，孜孜永追攀。
>Still achieving, still pursuing. Learn to labor and to wait.
>勤学善劳动，待奏凯歌还。

当然，我还得感谢母校的老师们，在数、理、化方面帮我打下的基本功。这在我以后频频地改行时，是一项极有利的条件。至于英语，南模虽不及一些教会学校，而且高二以后选用的《塞缪尔·约翰逊传》之类的主要课本，太趋古典，实用性不足，犹如选取《古文观止》作外国学生学习现代汉语的课本一样；但李松涛老师教的《修辞学》，郁仁充老师选编的现代英语补充读本，都是很有效的教材。尤其数、理、化选用英语原文教材，并坚持英语板书和以英语答题，对我们熟练英语句型及提高书面表达力，作用极大，使我受益良多。在结束本文时，我再口占一首《临江仙》做个小结。词曰：

>记得红楼分手处，匆匆半百光阴。
>来程回首每难宁。颠簸穿骇浪，"五业"遍亲经。
>所幸时时无懈怠，从来业业兢兢。
>绵薄献尽慰生平，每能获寸进，思源母校情。

愿母校南模欣欣向荣，不断发展，为祖国四化培育更多栋梁之材。

二、棠棣之花

堂弟　余劼德

  堂弟余凯成，在我们大家族里，年龄跨度近三十岁的27个堂兄弟姐妹中，属于20世纪30年代出生的小字辈，却是天资聪颖，才华出众，最有成就的一员。他和我属同龄人，小我一岁多，由于出生在不同城市，他在北方，我在南方。抗战期间我们在湖南耒阳县初次见面时，他小小年纪，胖胖圆圆的脸庞，戴着一副近视眼镜，当年在小学生中十分罕见，说的一口标准普通话，令我羡慕不已。那时社会环境闭塞，我们都还在上小学，足不出省，而我只会说湖南话。我们四个年龄相近的堂兄弟，日晖、凯成、建宣和我，经常聚在一起，玩得十分投缘，由于他到过一些大城市，比我们见识要丰富得多，加上他勤奋好学，又有较高天赋，许多知识过目不忘，还练就一手娴熟出众的绘画本领，常常能在"玩"上出些新思维或新点子。

  一个暑假，大伙儿玩腻了，议论起小男孩儿们最津津乐道和崇拜的江湖侠客

初心不改
中国案例教学研究开拓者余凯成

来，倡议何不一起动手，集体写书呢？所谓"写书"，不过是孩童自发的热情幼稚的创作意愿，当时小人书还没有问世。凯成是现成的"美术编辑"，他读过不少章回小说，无论是《封神榜》《三国演义》，还是《七剑十三侠》《江湖奇侠传》，都烂熟于心，不管是书中哪个人物，他都能随手画出富有特色的形象来，生动有趣，惟妙惟肖，和当今小人书的插图比起来，并不逊色多少，我至今还印象深刻。初生之犊不畏虎，堂兄弟几个信心十足，七嘴八舌议论一番，故事情节便初具眉目，于是分工各人负责几回章节，要求下个假期按时交稿云云，可惜时隔不久，由于时局变化，他便随父母举家迁离耒阳，我们的创作计划当然也就泡汤了。

再次交往则是在抗战胜利后不久。我随母亲由湖南蓝山迁回省会长沙，并在当地一所名校雅礼中学念高中，该校与美国耶鲁大学关系深远，常年有耶鲁派来的学士生或美籍教师来校执教；而父亲则由重庆直接回到上海，在他任教多年的复旦大学外文系重操教学生涯，并寓居在九伯家中。因此，正在上海南洋模范中学念高中的凯弟常有机会向我父亲请教英语作业。父亲建议他和我开展英文通信，借以互相促进英文写作水平共同提高。于是，每次来信他都附有经过我父亲批改的上次英文信稿，对我裨益良多，也从中看出他善于利用近在身边的"家庭教师"，英语水平当然提高得比我更快。

全国解放后，1949年秋，我和凯成同时考上大学，他入上海交大，我入武汉大学。1950年初，我到上海度寒假，适逢台湾国民党空军"二六大轰炸"刚过，凯弟热情地尽地主之谊，和我各骑一辆自行车，并肩穿行在空袭过后的大街小巷，他愤愤地给我不断指点着哪里是被炸的目标；在家中，我们相互交流各自校园中所见所闻和学习心得，晚上听他练习小提琴，和日晖一起三人共同背诵《钢铁是怎样炼成的》中的保尔·柯察金的豪言壮语，"人的生命只有一次……不因虚度年华而悔恨，不因碌碌无为而羞耻……"用以自励共勉。我还惊异地发现，他竟然能准确无误地说出第一颗原子弹的发明人的姓名全称，而我从未留心这些知识细节，早已遗忘，自愧弗如，深切感受到和他在求知深广度上的差距，难怪他在家中独得九伯的偏爱和信任，不是毫无根据的。随后在1950年中涌现的抗美援朝浪潮中，我俩又都以青年团员的身份，满怀激情地投笔从戎，他去沈阳，我则到了北京。

他的才华在入伍后并未埋没，在沈阳空军航校任教时，业绩优秀。20世纪60年代南下安徽铜陵，抖落满身灰尘，挺直腰板，决心从零开始，再闯入人生道路。在铜陵期间，他当过工人、技术员、七二一工人大学老师兼校长，参加过工厂技术革新，甚至为此专程赴沪观摩国产首台万吨水压机的运转，深受启迪，倍感自豪。他潜心业务，不露锋芒。改革开放后，更是如鱼得水，尽显所能，除利用业余给报刊投稿并配画外，更投身到工厂更新改造的洪流中，翻译技术文献，充当外国专家来厂参观考察的译员兼向导，堪称多才多艺。他事后告诉我，那时当翻译可不容易，厂里没有懂英语的技术干部，他是厂里的不二人选，专业五花八门，要给外宾介绍，自己先得搞通，专业名词和术语只有现学现背，真是豁出命来"赶鸭子上架"，决心为厂为国争光。后来通过出国人员外语专业脱产培训，罔顾已是半百之年，他在班里称得上是"父辈"学员，鹤立鸡群，却凭借较好的英语功底和广博的知识，触类旁通，加上刻苦勤学，终于脱颖而出，经国内外企业管理培训，迅速由外行变为内行，获得美国布法罗大学结业证书，圆了个人青少年时代梦寐以求的留学梦。后来受聘于大连理工大学管理学院任教兼教务长。为了弥补逝去的宝贵年华，他自编教材，四处讲学，广交朋友，经常和我通信，还曾找我参与翻译过一些资料，每次途经北京尽量抽空和我晤面，畅叙个人经历见闻，滔滔不绝，甚至利用谈话间隙复函、写信，争分夺秒。他也不忘关心晚辈，除在通信中问及我的两个儿子成长情况外，还利用出差之机，到成都华西医科大

初心不改
中国案例教学研究开拓者余凯成

学专程看望正在该校求学的我的次子余跃，对他勖勉有加。他患有肾结石、高血压等疾病，又因过度操劳，饮食失控，以致体重迅速增加，我十分忧虑他如此不顾一切而忘我拼搏，曾多次规劝他要张弛有度，千万不可任性逞强，何况早已人到中年，务必要以健康为重，他却一脸苦笑，自嘲命运如此安排，难免有一天会栽倒在讲台上，无可奈何！

遗憾的是不幸言中。万幸的是，他中风犯病时刚好出差回到家中，因抢救及时，保全了性命。然而，却从此不得不告别讲坛和写字台，开始漫长的康复疗程。2003年，我和蔚珊去大连旅游，在一处约定的场所和他见面时，他由弟妹克义陪护乘车前来，虽然步履蹒跚，靠轮椅代步，口齿已不利落，却仍热情交谈，山南海北，兴致不减当年。这一次专程聚晤，难得有此闲暇和雅兴。因此，他特地在一家由他学生开的酒楼高层观光厅宴请我们，再续未尽之兴。坐定片刻，凭窗远眺，俯瞰大连市容，美景如画，一览无余。我们古稀之年能在这里相逢叙旧，何其难能可贵，随即拍照合影留念，可谓尽欢而散。归途中我不禁感叹，凯成真是一身才艺，大器晚成，奈何壮志未酬，命运多舛。

三、由表叔变成小叔子

嫂 瞿泽礽（倩倩）

我和凯成的认识和彼此关系的变化多多少少有点戏剧性味道。

我祖母姓余，是凯成父亲出服的远房堂妹，称为五妹，我父亲称凯成父亲为九舅爷爷，我称凯成和他哥日晖为表叔。我父亲 7 岁丧祖父，13 岁时父亲病殁于巴黎，18 岁时母亲又病逝，他由祖母带大，与余家关系甚密。尤其与九舅爷爷感情深挚，两家素有往来。

我首次见识凯成是 1943 年，当时母亲带上六岁半的我和四岁的弟弟去昆明与父亲团聚，路经重庆住我干爹家。母亲带我和弟弟去探望九舅爷爷、奶奶，妈妈留下和他们叙谈，对我们说："你们没事去南开中学看看两位小叔叔吧！"我俩和他俩隔着校侧门栅栏相互对望，一言未发。我当时对日后成为丈夫的日晖毫无特殊印象，却对戴有一副大圆眼镜的凯成有些诧异，归途脑中盘桓一个疑问：

初心不改
中国案例教学研究开拓者余凯成

"才11岁的小孩儿，怎么就戴那么大一副眼镜？"

1950年，妈妈带我和弟弟从美国归来，定居北京。暑期九舅爷爷领凯成表叔来我家，说凯成在上海交大念书，此次来京度假，在京无住处（九舅单身在京，家属未来），需在我家寄居一段时间。我和弟弟背后嘀咕："一个陌生人来我家住，怎么和他说话？"

那时我母亲工作正待分配，空闲较多，常带我们三人去北京各处名胜逛玩。沿途凯成表叔视我为小女孩儿，握着我的手，我颇不适应，心想"我13岁了，在美国已能独立生活，用得着你来拉？"行动上就总想摆脱他的约束，自由自在地行走，但他紧紧握住我的手，不让我有松开的机会。我心中不忿："你也才18岁，好不容易逮着一个小侄女拉着，显摆一下表叔的架子！"

没料想凯成主动和我们说天谈地，幽默风趣，给我们口读《三国演义》，绘声绘色地讲述各种故事，很快就拉近彼此间的距离，打消我们此前的顾虑。他还自夸身高体壮，说同学们戏称他为"余胖夫斯基"，引起我和弟弟好一阵子大笑。

此后，我们断断续续有通信联系，一直保持表叔和侄女的称呼。1953年我16岁半，正值高一暑假。日晖由安徽出差来北京，见我叫他"日叔"，主动对我说："别叫我叔叔，我才大你六岁，就叫我日晖吧！""也别叫他凯叔，就叫名字好了！"我写信告诉在沈阳空军工作的凯成，他回信嘱我仍称他凯叔，说："你信封上注明女中，不称凯叔易被他人误认为我有女朋友（当时部队不准许他这个级别的军官谈恋爱）。"

1955年，我上大一时与日晖确定恋情。母亲对我说："你不能忘了奶奶，现在仍得叫舅爷爷、舅奶奶，到结婚时再改口称爸爸、妈妈吧！"凯成来信时称呼改了，不再摆大称我侄女，直呼我的名字。我回信说："到我和你哥结婚时再改称呼，现在仍得称凯叔。"他回信说："上有电灯，下有地板，你若仍叫我凯叔，我就叫你嫂嫂。"我当时年仅18岁，哪受得了嫂嫂这种称呼，只得改称名字。

1954年和1956年我们两次相遇于北京和天津，与亲人们同游颐和园和水上公园。凯成和我们谈到他在空军航校的工作，言及空军首届教学模型展览会上作为讲解员，有幸给毛主席和刘少奇、朱德等领导介绍和讲解的情况，充分表达出对领导人的崇敬，对共产党和军队的热情拥戴的心态。那时我们已知道他因工作成绩突出立功受奖，并荣获社会主义建设积极分子称号，大家都认为以他对党的忠诚态度和努力做事的风格会在空军建设中取得更多业绩。

1958年，凯成下放到山海关外的前所农场劳动锻炼。不久传来劳动强度极大，口粮不够吃的信息。当时正值三年困难期间，京畿子民亦同有枵腹之忧，但全家人都能理解他的特殊困难处境，每隔一段时间，就给他寄去节余下来的全国粮票；国外亲友寄回来的鸡精、牛精之类的压缩类食品也全寄给他。特别值得一提的是，年已70岁的爸爸将每周的《北京晚报》汇集按时亲自跑到邮局寄给他，以缓解他精神上的愁闷。凯成在来信中也曾提到：看《北京晚报》和其中的《燕山夜话》使他精神压力有所缓解。

1962年初（春节前），凯成意外地从农场回到北京出现在我们面前，苍老瘦削的面貌和颓丧消沉的情绪与1956年那个意气风发的余上尉判如两人。在家人面前，他沉默少语，很少谈及他在农场劳动改造的情况。

这年春节日晖与我结婚。湖南有"童子压床"的习俗，即两位未婚童男在大婚前夜应在新婚大床上睡一晚，以保佑新婚夫妇今后能子孙繁茂，凯成和我弟弟就充当童子重任。婚后，余、瞿两家合吃年夜饭作为婚宴。成为小叔子的凯成即

初心不改
中国案例教学研究开拓者余凯成

兴写了"庆祝余瞿合作社成立"的贺词，令我至今难忘。

日晖一直琢磨如何能将苦难的弟弟调至他所在的"铜陵有色金属公司"。说来也巧，公司当时接受一项运矿石的重载车轴瓦试制任务，迫切需要熟悉金属材料和热处理的技术人员。几经努力，于1963年5月获准将凯成调入该公司所属机械总厂。

1963年暑、寒假我去铜陵探亲，他们兄弟二人同住一间宿舍，居室摆设和床铺颇为零乱，胡乱放置的喝水玻璃杯都洗得不干净，这两个不知生活的男子汉！一丝心疼涌上心头，我将室内摆设和凯成的床铺整理一番，将被褥码放整齐，凯成称赞："这才像家中主妇样子！"我在学校教化学，用化学实验人员的方法和要求把玻璃杯和日常用具清洗得令我感到满意。

日晖对我说，凯成工作很努力，和试制组同志一道解决了不少技术难题，和组内同志相处也很和睦。我为凯成有良好的人际环境和工作开局而异常高兴。

凯成在铜陵有色公司机械总厂工作期间，由于工作勤奋，刻苦钻研，取得不错的成绩。他能写善画，凭借广厚的科学知识和积淀的教学经验，经常给车间同事举办科普性技术讲座，颇受工人师傅们的欢迎。后奉命筹办七二一工人大学，不但负责大部分教务，还主讲好几门课程，培养毕业两届学生，受到领导和学生们的赞誉。随后又奉命举办英语培训班，主讲两三门课程，取得不菲的成绩；个人也借此提升了英语水平，通过考试被录取到北京国际管理学院进修学习，最终调入大连工学院，先任翻译，后成为授课教师，先后四次作为访问学者去美国和加拿大几所大学进修，在我国率先开展案例教学，于20世纪80年代后期晋升为教授和博士生导师。

凯成四十八岁后在短短的五年时间内，知识得到突然跃升，不但英语水平大幅提高，胜任美籍教授课堂讲课的口语翻译，而且迅速掌握从未接触过的企业管理知识，由一个机械厂的技术人员一跃成为大学管理学院企业战略方向的专业教师。其后，不断出版英文译著和自己书写的专作。经过长时间的回顾和思索，我认为他的这种突变绝非偶然和运气，而是他的天赋和长期努力学习，工作沉淀积累所产生的爆发式效应。

1986年，凯成邀请日晖和我去大连他家小住，我趁机听了"大工"四次课：①一位青年教师为美国教授的口译课；②凯成的口译课；③凯成用中文为研究生讲课；④凯成用英语为研究生讲课。其中①②两次课使我印象深刻，且具有明显的对比性。①某青年教师口译是美籍教授讲一句，他口译一句，使一堂课只产生半堂课的效果；而②凯成是美籍教授每讲一句，凯成将当时所听译为中文，准确、完整地写在黑板上，同时口中说出上一句的中文译文，说完便用板擦擦掉腾出空地接着写下一句译文，这样便产生美国和中国教师同时在连续讲课，学生只要专注听清中国老师的讲课内容即可。整整一堂课得以充分发挥它的效果。

我当时见到这种口译上课方式，极为震撼，难以理解一个人的大脑可以同时进行听、译、写和说的功能。回北京后我专门就此事请教协和医院神经内科的医生，答："一般人是半个大脑工作，另半个大脑休息；但有极少数人可以做到两个半脑同时工作，他属于此类。"我过去经常见到凯成一面和我交谈，一面执笔写信，似乎两者互不影响，都能顺利完成，此疑惑也由此得到解释。

凯成对待他的战友和同事非常热情，如难友罗友乔、何燕等人在20世纪60年代最困难的时候路过北京，大都受凯成之邀住在我家。1980年5月，他与学生杜天树来北京第二外语学院进修，因为公司暂时无法安排住宿，杜同志被邀请住

初心不改
中国案例教学研究开拓者余凯成

在我家客厅的沙发上长达一周之久。他还嘱我用英语与杜交谈，以提高他的英语听说能力。

他的同事中有一些外国教授和他们的家人，凡路过北京或来京旅游，凯成都要拜托我们在北京家中给以热情接待，并派家人陪同导游。我记得有在北京外语培训班授课的泰勒教授夫妇，凯成特别告诉我们，他们信奉的宗教不许喝酒，要求以果汁作为饮料。我和凯成还忙中抽空专门陪同游览了动物园等名胜景点。其后，还接待过同在"大工"讲课的安德鲁斯教授的夫人，1985年安教授次子打工来华旅游，我和日晖骑车陪他游遍京城，他去信告诉家中，有种宾至如归的感觉。其后他结婚和生女均专门寄来结婚照及婴儿照。美籍德裔斯戴佰教授夫妇和其幼女来京，凯成介绍我长子余启晴和他女友陪他们逛遍京城，去王府井全聚德吃烤鸭。他们来到我们住处，见到所有房间都面对庭院，惊叹四合院的精美；他们得知我幼年曾住在纽约哥伦比亚大学附近，便说他曾在我常去溜旱冰的"格兰特将军墓"工作过，越谈越近乎，此后与我家一直有书信联系。晴儿去美国工作后，常与家住波士顿的他们电话交谈。今年晴儿全家去美国东部旅游，还去了他家探访。

余家是一个大家族，有不少人未留在大陆，但多年未有联系，不知状况如何。凯成去美国多次进修，找到在美国的一位侄女，通过她找到在台湾的三位堂兄、一位堂弟和堂姐，为日晖写余家修小家谱（由祖父辈写起）奠定基础。在得知我们家族的近况后，他们先后回大陆探亲叙旧，凯成为余家族人团聚做了一件大好事。凯成还由其堂弟处得到余氏大家谱，使我得知我祖母与凯成父亲间和我与丈夫日晖间的远亲关系。

我们从东单三条搬来大黄庄居住后，日晖于1996年1月底不幸被汽车撞飞，头部重伤，头盖骨撞裂成五块，在医院治疗七个多月，最终不治身亡。临终前不久，凯成公出来京，曾去医院陪伴他哥两天。一见面凯成就问他哥："你认识我吗？"此时日晖已失语，只能高兴地咧嘴望他微笑。凯成对我说："他怎么连我都不认识啦？"我向凯成解释："他已失语，对你微笑得这样高兴，说明他认识你。"后来，日晖对凯成费劲地说了此生的最后两句话：第一天说"真后悔啊！"（指车祸），第二天说"没法挽回！"此时日晖舌头发卷，吐字不清晰，凯成无法听懂，站在一旁的我向凯成做了转达，凯成不信，我向日晖复述，他点头表示我说对了。

火化当天，凯成、我和幼子启新一同去太平间将遗体转送至火葬场。在学校举办的遗体告别会上，家属行列中，我站在首位，凯成站在我旁边，然后才是我的后辈。会前，凯成含泪花了近两小时填了一首词，作为对他哥的悼念。

悼念亡兄日晖

《卜算子》

眷眷手足情，风波常与共；

本冀劫后享晚晴，案桌幽兰供。

孰料横祸骤，天道何公允？

遥望西去彩云逝，一点情相送。

凯成对我和日晖感情真挚深厚，对侄儿也视如己出。他擅长讲故事，口若悬河，滔滔不绝，有声有色。两个儿子，只要一见到他，就缠住要讲《聊斋志异》上的妖魔鬼怪故事。

1976年唐山大地震，北京震感强烈，妈妈卧室外墙壁都震塌了，大家颇受惊吓。街道干部逐门要求立即搭帐篷宿于长安街上，老幼病残要求疏散到无地震威胁的外地去。当天日夜倾盆大雨，帐篷内老人苦不堪言。学校此时又确定我在年底要

初心不改
中国案例教学研究开拓者余凯成

去青岛开门办学，无奈只得将七十来岁的老妈和两个小儿子送到安徽铜陵日晖的工作地。令人意外的是铜陵也在吵吵要发生地震，只好又将老妈转送到上海亲戚家，两个小儿子则留在铜陵生活和学习（一个初中，一个小学）。日晖在铜陵属单身，只有一间房，一张床，大儿子和他共睡一张床，小儿子只好寄存在凯成家，一住就是半年，凯成对我幼子视如己出，照顾得颇好。我在青岛印刷厂完成教学任务后，才去铜陵与日晖和孩子们团聚，暑假带孩子们回京。

日晖在世时，凯成将三万元存折送他，日晖认为这是他到处讲课所得的辛苦钱，坚决拒收，凯成不肯收回，此折一直存我家。日晖去世后我又多次要求退还，凯成仍不收，对我说："这是对哥的爱，也是对你的爱。"之后，某次他出差来北京，问我："三万够用吗？我这儿还存有一点钱，要不要？"我急答："够用，够用。"他才说："那我这笔钱就用来装饰我的教授楼。"凯成病残后，我又欲将此款退还，他们夫妻二人均说："不要，不要，我们有。"此事令我感动至今。

凯成很早就发现血压偏高，亲友们都叮嘱他及时服药，控制血压，可他工作一忙就忘乎所以，不时有漏吃药的情况。他的工作负担一直很重，责任心又强，常给自己加担子，因此常年处于紧张状态，最终在2000年初患脑溢血，经医院全力抢救，命算是保住了，但身体右侧偏瘫，无法正常工作，在家长期养病。初期在有人扶持下，可起坐和歪歪斜斜走几步。其后又患过一次脑梗和几次感冒，近年来，已经是常年卧床，大脑也逐渐软化，智力有所衰退，生活完全需要他人照料。几年前，上海南模中学大庆，学校向他征稿，他口授由他人代写，硬是投了一篇稿，以感谢母校对他的培养。其中写了他的简历，称母校为他打下良好基础，使他在以后的工作中有能力边自学边圆满完成任务。

他原来准备退休后干三件事：写详细自传，出画册，出个人诗集。

今年凯成度过八十大寿，祝他更加长寿。目前，他生活已完全不能自理，但我每次在电话中问："你怎么样？"他总是回答："我非常好！"这既是他的真心话，也表示他对困难不低头不认输，正在顽强地和病魔做斗争。只要他能吃能睡，自我感觉良好，那就很好。祝他每天心态平和、安宁，永远心存幸福！

四、七十年的珍贵友谊

罗茂能

凯成与我 1943—1946 年在重庆南开初中同学三年，1946—1949 年又在上海南洋模范（南模）高中同学三年（他兄长日晖也是两度同学），六年同窗，结为莫逆，至今已是七十年之久。古语说"人生七十古来稀"，那我们的友谊也应是"古来稀"了！

在重庆读南开时，我家住南岸，上一次学或回一次家，要走六小时之多，所以是住校的；而凯成虽然家就住在沙坪坝，但学校规定，仍需住校。在上海读南模时，他住法租界，我住愚园路，虽然相去甚远，但我们都有长期公共汽车票，往来仍很频繁。1949 年，我家搬去香港，仍一直保持通信往来，1951 年春天，他还寄来一张穿了空军制服的照片。之后我们就失去联络，这年底我也离港乘船来美就学了。还记得 1952 年新年轮船经过夏威夷时，它还不是美国的一州呢！在美国这些年，经常思念故国旧友，可憾无从探听。

20世纪80年代初凯成曾在大连工学院担任翻译工作，1983年有机会到美国加利福尼亚州进修。春季他初到加利福尼亚州时辗转与我取得联系，说他秋季要转学到波士顿郊区一个工商管理学系较优的学校。我欣喜若狂，兴奋不已，在电话中立即邀请他放暑假后在开学前就住到我家来。凯成能和我联系上也颇富传奇性。他说过去三十多年一直在打听我的消息，曾听说我在麻省理工学院，却没找到，可能我已离开。这次在加利福尼亚州一南模校友家中，偶然看到一期台湾出版的《传记文学》里面恰巧有一篇先父写的文章，他就写信到《传记文学》社查问到我父亲在台北的地址，又再从我父亲那里得到我家的电话。寻找三十多年，终于如愿以偿，有了结果，失去三十多年的故友得以重拾旧谊。

1983年6月，我一家热情地欢迎凯成到新泽西州我们家中，使原来心中有些顾忌的他，十分感动，很快就释怀了，从此宾至如归，并且和内人胡采禾也结为好友，两个孩子对他如亲叔叔，亲热无比。老友重逢无话不谈，对他这些年来的遭遇、所受的创伤苦痛，有所了解。三个月的暑假很快过去，这期间，因我家离费城很近，我们常到附近名胜古迹游览参观，如费城的独立自由钟、艺术馆、宾州大学博物馆、种植有世界奇花异草的长木公园，去新泽西州著名的海边泡水，等等。纽约和华府，一北一南，自是必去之地。开学前，我们一家开车送他去学校，顺便一路玩耍，去看了Norman Rockwell老家的美术馆，波士顿交响乐团暑期驻地Tanglewood的音乐会，等等。送凯成到校后，相约新年假期再到我家小住。1987年秋季，凯成又有机会来美进修，也是来和我一家共度新年。次年他带了妻子来美游历，在我家住了月余。这是他最后一次来美，是我们最后一次在美国相见。

归国后，凯成在大连理工大学工商管理系任教，我们又见过五次面：1998年暑假凯成在香港中文大学担任顾问工作，我正好在台北看望父亲，特别去香港两

初心不改
中国案例教学研究开拓者余凯成

天与他会晤,并相约两个月后我到大连相访。1999年我们一家游泰山、黄山,和凯成约好在上海见面,因那时他正好在交大讲学。次年我一家又到北京探亲,凯成在北大讲课,我们又聚在一起。最后一次见面是他住院一年出院后,我去大连看他,那时他已行动不便,由一位看护照顾着。

从1983年以来,除见面之外,我们一直书信往来,直到他失去书写能力后,改以电话联络。后来因为他说话也不甚清楚,电话也就少了。我们曾相约每年彼此生日时通电话问候,所以2012年10月他生日那几天我打了个电话给他,由他女儿余劲安排接通,和凯成说了几句话,话虽不多,但彼此心中都感到友谊的温暖。从1983年至此,不觉已过了近三十年之久,我们已从中年迈入耄耋,感官机能退化,凯成已不能自己行动,而我在家走动也需用推轮助行,外出则靠轮椅。虽然我们已耳不聪目不明,然彼此对老友的关爱依然如昔。

凯成是个外向的人,而我是内向的,不但不善交际,也害怕交际。在上海高中三年,遇到十几位重庆的南开同学,他乡遇故知,相约同游过多次。但是在南模有三四次参加同学的课外活动,都是被凯成拖去的。1983年,他一到美国就和三十多位南开和南模的同学见面,而我在美国六十年只见过一位!我去了北京那么多次,只有一次被凯成带去见了两位同学顾慰庆和周通。凯成为人,永远是谦谦君子,平实诚恳,充满爱心地待人接物。也亏得有他,只有他才肯费三十多年的工夫去寻找一个我这样木讷的朋友!

不止于此,我们的友谊还延续到下一代。小女竹安1997年大学毕业后在北京外交学院教英文,只要凯成在北京,就会去带竹安出去玩,多半是带她去书店看书买书,介绍唐诗宋词给她,以及古典文学的英译本,如《三国演义》《水浒传》《西游记》和《老残游记》等,一心想要提高竹安的中文水准和文学知识及修养。

有一次凯成约她去参加南模校友会在金山公园的聚会，见到许多我当年的同学。那天竹安自己去，比凯成还先到，并未走丢，令他对这位小侄女刮目相看。竹安还自己乘火车去大连看过他，事后又受托去哈尔滨看望他的堂妹，后者带她去参观哈尔滨著名的冰雕，使她叹为观止。看来我女儿要比我活泼得多！

凯成自幼习练小提琴，拉得颇有成就，我保留的一张他拉提琴的相片，后面他还写下他所拉的曲谱。我至今酷爱听西洋古典音乐，也是凯成启蒙介绍的。在上海时，他常到我家来一起听收音机。有一次，他找到一个正在播送莫扎特小夜曲的电台介绍给我听。从此我就和古典音乐结下了不解之缘。

他是个多才多艺的人，琴棋书画无所不会，而且都有相当的水准。文学修养甚高，他告诉我他被下放劳动时，以写诗词为寄托，后来写诗填词就成了他后半生主要工余活动之一。几十年下来，功力是百尺竿头更进一步。他擅长诗词，也缘系家学渊源吧？当年余伯父就是书画诗词都造诣极深的人。某次在北京他带我去见南模同学顾慰庆和周通，当时周通就鼓动他把诗词付印成集。我退休后，也试着写诗自娱，和凯成通信时，有时也会讨论诗词。凯成批评我是用当年学习化学的态度来分析古人诗词；至于我的诗，则是"平仄完全不对"，也不另加指点，大概认为我乃"朽木不可雕也"。即使如此，我现在仍将多年前写给凯成的诗抄录几首于下。我之所以愿意献丑，乃是为了表示凯成与我之友谊也。

重逢凯成一十五年回顾

三十年余音信荒，桃园结义管工商。

侄*前奔咏长恨曲，安得重逢黄山上。

注：*指小女竹安

香江晤至友凯成

一去香江五十春，翩翩少年已霜鬓。

初心不改
中国案例教学研究开拓者余凯成

> 君昔援朝今工管，丰功伟业足可钦。
>
> 忆香港之行寄凯成
>
> 不似子美卫处士，也非乐天峡中韵。
>
> 我等重聚已有期，争比杜白更幸运。
>
> 大连晤凯成别前相赠
>
> 万里访故知，见面两相谐。
>
> 促膝才四日，欲别不欲别。

回忆至此，使我深深体会到，能有凯成这样的朋友，是我终生的福分。我们的友谊使得我的生命更加丰富，更加多彩。惟愿他的健康能逐渐恢复，我们也能多多通些电话。

在大连任教时，他别出心裁，以桃园结义的体裁写工商管理的教科书，很快就声名远播。2000年他除教书以外还担任好几份工商管理杂志的主笔，我警告他不要"一根蜡烛点两头"，果不其然，数月后他就病倒了。他住院一年，出院后我到大连看他，他已完全失去书写的能力了。这多可惜！当年他如果不那么无休止地工作，留得青山在，还可以在工商管理学界多贡献几年。

但是，凯成也有他自己的想法，他对我们说，从50年代到80年代，他青壮年的生命和才华都被摧残埋没了！现在好不容易有机会发展他的才学，发挥他的能力，他要尽快地补回被浪费了的岁月，赶紧为国家社会效力，这才对得起他自己。这是多么伟大的情操！我想，这些话也代表了他这一代最精华的知识分子的心声。他有过人的才智和能力，高瞻远瞩，知道中国要成为一个进步发达的国家，必须讲求工商管理学，而当时中国对这门学问所知甚浅，所以他立意要为国内工商管理学界开辟一新领域。他不辞辛劳，不论学府企业，各处授课演讲，现身说法，他的讲义，已是学界的经典之作，终成一家之学，造福国家社会。然而，他却付出了自己的宝贵健康！

欣喜友乔兄和其他朋友要为凯成编写一本回忆录，记录他不平凡的生命，留给后世作为楷模典范，也为后世留下历史的鉴证，意义深长。茂能有幸受邀，忝为记录一些往事，聊作他一生大事中的片段雪泥鸿爪吧！

初心不改
中国案例教学研究开拓者余凯成

五、老友余凯成

罗友乔

1949年秋我与凯成相识于交大篮球场，抗美援朝同时参军，同在航校任教，同被划为右派，同被谪到农场劳动锻炼，同处十五年，共患难六年，相处可谓久矣！其后两人异地工作，鱼雁频繁，数度聚会，心声多次交流，相知甚。如今我们垂垂老耄，凯成久卧病榻，相隔数千里，难谋一晤。他一生沉浮枯荣，各个时期的音容举止，无不展现于我脑海。中夜思之，心潮澎湃，难以释怀，执枯笔记之，以慰老友。

（一）球场初识

1949年秋的一天下午，我在上海交大篮球场上玩得正欢，对方前锋投篮，我高高跃起，一掌打下去，球打飞了，掌缘扫及对方鼻梁，眼镜跌到地上，镜架坏了，镜片也碎了。对方是一位较我略高略胖的大个子，他茫茫然怔怔地望着我。我内疚之极，连声向他道歉，他嗫嚅半天，最终说了一句："没什么，你也不是有意的嘛！"我当时如释重负，对这位陌生同学的大度甚为感动。

归途，熟悉的化工系新生张有模对我说，你今天够狠的，那一掌下去，人都能被你打倒，余胖够仗义，没要你赔，算你走大运！我说，你认识他？张说余是他同班同学，南模中学毕业，湖南人，成绩颇好。我对这位湖南老乡，有了初步好印象。

1950年底，交大掀起一股抗美援朝参军热潮，我报名参军。学校随后组织一个宣传小分队，去松江县动员青年学生参军，我去了。在招待所餐桌上，意外见到余胖，得知他也报名参军。席间交谈后发现他坦率、善谈。几天连续接触，得知他是长沙人，父亲在永利化学工业公司工作，1942年抗日战争时期他从香港逃往内地，在湖南耒阳住过，后去重庆南开中学念书，1946年转学上海南模中学。我曾询问他认识余籍传否？他说那是他叔父。

余籍传是湖南名人，抗日战争期间长期担任省建设厅厅长，由此我猜想余胖应是一位有钱人家子弟，曾好奇地问过他为什么没有到国外去学习。他坦率告诉我，父亲原来安排他去美国留学的，他中学时接触并接受进步思想，从而留下来没有去。从此我对他的好感又进了一步。

（二）军队航校同事

1950年1月10日上海参军青年来到杭州笕桥机场西端的马厩，编入空军第二预科总队，交大一百多名同学分别编入二大队六、七两个中队。我在六，余在七中队。当时军事操练、政治学习非常紧张，偶尔与他相遇，仅点头致意，少有交谈，常见他在黑板报前写写画画。

初心不改
中国案例教学研究开拓者余凯成

当年8月下旬,二预总抽调数百名学员,送到沈阳空军第八航校。到校后,八校对这批学员中的大学生进行一次笔试和口试,选出近四十名学员组成"十九助教班",进行一个来月的航空专业知识培训。当时我被大家选为该班的学习班长兼区队长,余和我又同为该区队第三班的战士。

突击培训的学习方法是听课、自习和小组讨论,每个行政班划分成三个学习小组,每组三或四人,我和余分在同一小组,自此我们接触就特别频繁。

学习班结业后,余分在材料制图系任助教,我分在发动机系,但都在训练处工作,在饭厅、球场和教学大楼常常见面。由于同为要求进步,担业务、环境不熟悉的助教,故见面常有话题可谈,观点也接近,逐渐成为接触较多的战友。

1952年10月上旬,我奉命去安东空军部队学习,搜集部队对外场机务人员培训的业务需求,同时也了解部队机械修理厂有关发动机的检测、修理技术和设备配置。到达浪头机场附近的招待所,意外碰到凯成也住在那儿。高兴之余,两人搬到一铺炕上,晚上躺在炕上摸黑畅谈。谈到教研室创立不久,航空材料涉及的范围很广,制造工艺,检测手段相当复杂,与飞机维修质量密切相关。现在迫切需要知道部队维修过程需要掌握哪些与材料有关的知识,需要什么样的教具、检测手段和相关的仪器设备。他们经费有限,很多东西要自制,他能写善画、会雕塑,有动手能力,负担挺重。他这次来的目的就是好好向浪头部队大修厂学习。

过了两天,他晚上对我说,他已参观了机修厂,发现他们自制了不少检测、修理设备,相当实用,能满足飞机中、小修的要求,建议我去好好看看。

我首先去机场学习,仔细观察机务人员定期检查的内容和过程,领教了他们特别严谨和细致有序的工作作风,也记录了他们对学习的要求。有意思的是有一天在机场竟然碰上美军飞机偷袭机场，机枪子弹打得跑道上直冒烟，机场人员可能是见多了，一点也不慌乱，还有人在机窝旁用旧飞机折下来的机枪对空射击，机场上的战机也迅速起飞，拔地而起几乎是垂直上升迎击敌机，前后也就是一分多钟，一切就平静下来，恢复正常工作。晚上回来和凯成谈及这些事，他兴奋不已，他遗憾地表示自己丧失一次观看打敌机的好机会。

我们一道去安东市乘火车返回沈阳，候车时我俩抽空去看鸭绿江大桥，经过和警卫人员商量，同意我们去桥上，但一定不能过铁桥的中线。我们站在桥上，东岸的新义州就在眼前，恨不得跑过去看看，抗美援朝参军没过鸭绿江到朝鲜，多令人遗憾啊！正在我们惋惜不已时，一列火车由朝鲜那边驶过来，敞车上装载的全是我军俘获的坦克，有美国的、有英国的百夫长，有土耳其的，好像还有澳大利亚的，整整一列车，好几十辆。我们看得心花怒放，兴奋不已！回到车站，我俩仍然激动不已，每人买了一个特大的海螃蟹，一两白酒，举杯庆祝我军的胜利！

1953年8月，他从北京归来，兴奋地向我详细介绍空军首届教学设备展览会的情况，有各种各样的模型、示教板、检测仪器和试验设备，全是自制的；还有一架外壳为有机玻璃的歼击机，内部的喷气发动机，锯掉四分之一的外壳，涡轮压缩机的转动都能显示，我听了后甚为神往，为自己未能目睹而遗憾。他作讲解员还有幸为毛泽东、刘少奇等中央领导人及他们带去的儿女做过讲解，他谈及这些事的兴奋、激动和自豪的神态，历历在目，我至今难忘。

在航校我俩算是接触较多的，常在一块打篮球。有一年，我曾先后三次打坏他的眼镜；我们经常交流教学心得和困难，他曾诉苦金相显微镜和材料力学性能检测设备不足，各种航空常用材料的金相样本也不够，无法使学员获得更直观的印象。他通过姨父（重庆大学材料系教授）的私人关系，去东北工学院和哈尔滨工大多方搜集过资料和请教有关技术。

我们也常交换一些信息，更多的是他说我听。凯成亲友中颇多名人，如侯德榜、李烛尘和李德伦等，有很多我们常人不知道的事他都知道，我喜欢听新鲜事物，见面他就偷偷告诉我。

（三）凯成亲人对我的关怀

我曾多次去北京办事，或过京返湘探亲，都曾在凯成家住宿，受到他父母的热情招待，使我在生活中得到极大的方便，也为我羞涩的钱袋节省了可观的费用。

被划为右派前，作为凯成的朋友，我曾和凯成一道去过北京东单三条南官场胡同三号他家。他家靠近北京最繁华的王府井大街，紧邻中国医学科学院，一个小型三合院，异常宁静、清爽，是一个闹中取静的好处所。

他父亲余啸秋是美国留学生，与范旭东、侯德榜等人创办中国第一家大型化工民间企业——永利化学工业公司碱厂，1949年前为永利公司襄理，1949年后升任该公司副经理，他母亲李笃平毕业于湖南第一女子师范，与李淑一同学。

1959年初，我被迫与北京医学院教书的妻子离婚，当年8月，她来信催我速去北京取走存放在她那儿的衣服等行李。可怜我此时是一个行动不自由的右派，正在农场进行体力劳动，接受改造。离开劳动场所，去首都取物谈何容易？我拿着信件，一次又一次找农场领导，好不容易获得口头同意，但不开出差证件。这可难住我了。正好是十周年国庆前，没任何证件，我如何住旅馆？一查店，右派分子！那不惹出麻烦吗？没办法，凯成知道此事，他说，没问题，住我家！

去北京办这件尴尬事，内心自然十分郁闷，怀着忐忑不安的心情，黄昏时节敲开余家大门，余伯母认识我，满脸笑容迎接我。知道我的来意后，更是和余伯父多方安慰，劝我放眼长量，世事总会变的，有本事的人一定有发展前景，余家三合院虽有几间房，床却没有多的。但有行军床，活动沙发床，当下立即给我安置好，先睡下再说。

东西取回来后，余伯母又帮我将多年未动过的衣服取出来，一件件摊开晒过折好收起来。为了给我消愁，请我去"北京饭店"吃了一餐。

1959年春节前后最冷的那段时间，我的风湿关节炎又犯了（1952年开始犯病，打了数百针撒曹格里茛和多种理疗而无效），早晨站不起来，根本没法行动；夏季虽然症状消失，但难保冬天不再发作，我想趁机找北京的大医院治治，要不然无法劳动锻炼，右派帽子只能永远戴下去。

去到北京协和医院，大夫说这种病不是短短几天就可治好的。我失望归来，余伯母劝我去协和医院后面的东城针灸医院试试。我去治了一个半疗程，因假期已完，只能遗憾地离京返回农场。没想到1960年冬风湿病没有出现，奇迹真发生了，此后五十多年，此病绝迹，一辈子再也没犯过，这件事，使我对中国针灸产生极高的信任度。回过头一想，真得感谢余伯母。

此后，我先后十多次去余家住过，每次都受到热情款待，次数多了，交谈也多了，他们虽没有明说过什么，我感到他们在认识和感情上都没有把我看成是反党反社会主义的敌人，而是将我与凯成等同，视为子侄。

我不仅认识凯成的父母，还通过凯成认识他哥余日晖、嫂嫂瞿泽礽。他二哥是中学入党的地下党员，虽然50年代就是处级干部，但没有一点官架子，为人恳诚、务实，是不可多得的正直知识分子。他嫂嫂先后是中央工艺美术学院和北京印刷学院教师，书香世家后人，在美国读完小学的海外归来学子，纯真朴实而富有同情心。

1963年春节，我从凉水学习班请探亲假回家，上一个春节我妈曾给我介绍一个女朋友，多次来信催我回家结婚。我初恋婚变，感情创伤很大，对这位女朋友又缺乏了解，对结婚有恐惧感。可我也知道，以我此时的身份，今后要想找到一个合适满意的妻子，是很不现实的，过了这个村，还有什么店吗？我的内心处于一种迷茫和矛盾中。

当时凯成嫂嫂怀着第一个小孩儿，知道我对回家结婚相当犹豫，处于两难的痛苦状态。她挺着大肚子，有意陪同我出去逛过一次，给我做了一些开导工作，劝导我要现实一些，特别指出时间能治愈精神创伤，爱情也可在共同生活中培养等，助我解开一些疙瘩，使我终于下定决心回家结婚。

（四）友谊长存

1963年6月凯成去铜陵有色公司机械总厂上班，同年10月我被分配到锦州市农机厂做技术员，我俩经常通信，互诉各自的处境、感受和工作，可说是无所不谈。虽然经历过"文化大革命"，在困境中我们的通信始终未中断过。凯成在信上常附有他新填写的诗词，可惜我未能珍藏，现在已很难找到踪影。

我们干的都是技术活，相关的技术工作是交谈的主要内容之一。1964年我面临一个薄壁异形钢件的表面硬化难题要解决，我和他在信件上多次讨论，他还给我介绍过长沙机床厂一位姓瞿的热处理技术员，此人为我解决液体碳氮共渗技术提供过帮助，最后在多方努力下，解决了当时的大难题。

利用南下公出的机会，我曾两次去铜陵看望过凯成，第二次去见他时，他的小女儿余翔已经一岁多，我抱她在膝上玩耍，她摸摸我嘴上胡子，仰头问我，叔叔你嘴上怎么长这么多草？逗得我哈哈大笑。

1979年，凯成卸掉身上的枷锁，更能充分展示他的才能。此时我国与国外交往增多，凯成凭借他的深厚英语功底和不断的持续学习，口语翻译能力日益提高，常去合肥省一级机构作为翻译参与接待外宾工作，后又经过考试，脱颖而出，到北京专门的外语培训班学习，最终获得出国学习机会，改行学习工商管理类学科。

1984年底我去大连海运学院公出，专程去大连工学院看望他，遗憾的是他也外出，未能晤面。1985年底我再次去大连，这次见到了，他正担任中美合办的MBA培训班的中方教务长，工作异常忙碌。当时的大连工学院为中国培养了一批初期的MBA人才，华南理工大学管理学院前院长兰海林，副院长黄培伦都是早期"大工"的MBA学生。余曾告诉我，他是国内首个采用案例教学人之一，也曾为此大力推广过。我为老友的工作成就感到高兴。

1987年我邀请他来长沙交院做案例教学的专题报告，也想借此机会再次和他晤面，交流高校工作的心得和看法。约他前来，我却去北京公出，本来还有一天的时间可以聚会，没料想，我在北京的航班因大风影响，整整推迟28小时，等我晚上赶回长沙，他就要去机场回大连，两人只匆匆交谈了十来分钟就分手了。

进入20世纪90年代后期，他已经评上教授、博导，在学术上有一定的造诣，常去国内各处讲学。他来广州华南理工大学讲学时，我们聚会过两三次，此时他血压已经偏高，经常跑来跑去，自己也感到有些疲惫；我曾多次劝他注意身体健康，适当减轻工作负担，他口头接受我的劝告，但实际上仍坚持高强度工作，后在2000年春突发脑溢血，经过医院抢救，命虽然保下来，但遗留偏瘫后遗症，

初心不改
中国案例教学研究开拓者余凯成

已经无法继续工作。

2002年我率妻儿全家北上，专程去大连看望他，他此时行走已经很困难，但知道老友来看望他，还是异常兴奋要亲自去火车站接我。见到他坐在一条长板凳上等我，我心情非常激动，五十多年的深厚交情，知此知彼，历经风雨，自非常人所能理解。

在大连聚会的那些日子，凯成需要人搀扶才能勉强走几步，坐厕起身要人用力拉起，此情此景令我黯然神伤。但他思维完全正常，语音虽不甚清晰，但我们还能交谈，数十年的人生浮沉，使我俩对社会有了更深入的认识，思想上的交集更多些，谈起来往往止不住。

2006年我们在农场劳动过的部分难友，从天南地北赶往合肥聚会，凯成不顾病躯，坐飞机由妻女和保姆陪同，也从大连赶来，感动很多难友，我和几名老友去机场接他，见面时那种喜悦，真是无法用语言表达。

合肥会晤后，凯成病情逐渐加剧，再次脑梗入院急救，两次感冒入院，好在每次都幸运脱险。目前他已不能扶行，长期卧床，思维、记忆能力均有所衰退，我也日趋衰老，无法独自远行，会晤难矣！只能通过电话交谈。

凯成和我都步入人生晚年，未来的日子不会太多了！回顾走过的路，不管是逆境还是顺境，凯成都尽力完成他当时承担的社会职责，为中国社会的发展贡献了他的力量，人生应该没有大的遗憾。我和认识他的友人都会为他大吼一声："凯成！你对得起人生和社会！"

六、回忆余凯成

周建文

2006年10月16日，老战友在合肥兰苑宾馆聚会，余凯成坐着轮椅在家人和保姆的陪护下乘飞机从大连来到合肥，已经晚上九点钟了。大家兴奋地上去问候，我和余自1963年凉水分别已经44年了。他第一句话："我要向你道歉，1956年是我经过考察向费述祎推荐你和姚茂松来我系，害得你俩也当了右派。"此话从何说起？原来我1956年3月调八航校（沈阳）学习，分在009发动机助教班，原计划是为十航校（太原）培养的，5月份八航校就自己先截流了一小部分，我可能在入学文化测验及学习中成绩较突出被选中，这是正常的程序，我当时也是清楚的。姚的情况和我类似，但之前我们并不认识。对余的道歉，我当即回答："按我的性格和为人到别单位我也一样当右派，和你无关，这是时代的悲剧！"

从1956年5月到1958年5月，我和余凯成相处两年，他一直是我的老师之一，余才华出众，兴趣广泛，记忆力惊人，是材料制图系材料学组三座大山（另

初心不改
中国案例教学研究开拓者余凯成

两位是高翼之、崔思霖，高七月调成都十一航校）之一。当年"向科学进军"，余是系里主力，拟订教学大纲，编写教材，制教具，建实验室，他还给同事上"物理化学"课，为大家联系去东北工学院听课。他英语水平很高但当时无用武之地，借助英语的根底他自学俄语，而且已能翻译专业书籍。他对古诗词也颇有造诣，能大段大段地背诵并手抄记录成集，这可能得益于良好的家庭环境和过去学校重视人文教育。他发胖但很注意体育锻炼，几乎每天都踢足球。他生活俭朴，语言风趣，还会绘画，懂欣赏音乐，在我心目中他是一个全面发展的人。

2000 年 10 月前所农场老战友聚会，原说余会来，不知因何未能成行。2001 年杨崇诚去大连看望他，回来后告诉我余患中风，正在康复中。2010 年夏杨又去看望他，回来后告诉我余病情加重，交流困难，并要我写些关于他的回忆，近日罗友乔也对我有此要求，遂写下此文。我衷心祈愿余凯成能再次战胜病魔。我也向老战友们忠告：要努力控制三高（血压、血脂、血糖），我们年事已高，趁头脑尚清醒把你的亲身经历记录下来，给后代留下见证，接受历史教训，不让悲剧重演。

七、吹尽狂沙始到金

何燕

《浪淘沙》

【唐】刘禹锡

莫道谗言如浪深，莫言迁客似沙沉。

千淘万漉虽辛苦，吹尽狂沙始到金。

唐代诗人刘禹锡一首《浪淘沙》道出千百年来无数含冤负屈人的心声，历史有一道诡异的魔咒，像幽灵般游荡在神州大地，制造了数不清的冤案，受难者血泪成河。

很不幸，凯成和我都中了这道历史的魔咒。

20 世纪 50 年代初，我们风华正茂，壮志凌云，以天下为己任，抗美援朝投笔从戎，凯成与我同在空军第八航空学校任教员。凯成才华横溢，工作取得骄人

初心不改
中国案例教学研究开拓者余凯成

成绩，被评为社会主义建设积极分子。但他在材料制图系，我在飞机系，相互接触不多。

凯成出身书香门第，父亲是"永利化工"的高层管理者、民主建国会成员、北京市政协联络组对象，母亲是当年还少有的知识妇女，是李淑一的同学。他家在北京东单三条，协和医院附近的一个独家三合院，胡同往东是东单，往西是王府井，正是北京繁华的中心城区。但一进院子，宁静、清爽、整洁，令人精神为之一振，完全没有市井常有的喧嚣尘躁，真是一个闹中取静的好地方。

每次我回广州都要在北京转车，常住在凯成家，有时还在北京逗留几天游逛一番。

余伯父、余伯母那时年事已高，但对我们这些晚辈极好，我是湖南人，与他们是同乡，更多了一份家乡之情。

知道我们身处逆境，伯父伯母在生活上给我们诸多照顾，关照我们在北京多玩玩，让我们舒展一下压抑的心情。当时，国内刚开始播出电视，家庭拥有电视机的更是少有，我在他家第一次看到电视画面。余伯父还递给我一架当年还是稀罕之物的照相机，让我到处走走拍些照片。

有一年五一节我同余伯父家人一起，参加天安门的焰火晚会，真是望不到边的人山人海，挤在人潮中身不由己地往前流动，我真正体会到人如潮涌的感觉，幸好事先被告知把鞋带绑紧，衣服扣好，手表、钱包等贵重物品留在家中。

冲天的焰火，尖叫着，在空中开放出一朵朵灿烂的礼花，与地面人潮的欢声笑语相互呼应，组成一片欢乐的海洋。

啊！生活本应如此美好，没有必要为个人的遭遇垂头丧气。

在逆境中，余伯父、伯母给予我的关怀、照顾，令我终生难忘。

1963年中，凯成提前离开学习班，被调往铜陵有色金属公司。

后来，他摆脱身上的枷锁，更是如虎添翼，以他深厚的英语功底，在合肥、在北京担任当时紧缺的英语翻译。随后又去美国进修，成为80年代国内首先引进管理学科的学者之一，被大连理工大学聘为教授，担任与美国合办的管理学院的负责人之一，经常赴全国各地讲学，为发展我国管理科学，培养管理人才做出了杰出贡献。

历史是公正的，不管被泼上多少污泥浊水，金子还是金子，会放出耀眼的光芒。正是：

> 莫怨平生少得春，风狂雨暴壮征程。
>
> 剥除污垢还真我，磊落光明气自神。

八、谁是英雄？

陆宝琴

（一）试制任务

20世纪60年代，全国有色金属行业共有540部欧洲进口的"索玛（SM）"矿石重型自卸车在各单位生产线上奔忙，为全国金属生产做出贡献。

这种车的轴瓦寿命有限，属易损件，需定期更换。当时，外国公司吃准我国不能自行生产某些配件，不合理地拼命抬高配件进口价格，换取高额利润。如进口一台"索玛"车的全套轴瓦配件，需要花费购买五部新车的价钱。要保证车辆正常运行，就要消耗国家大量外汇，财政难以承受。国务院决定自力更生，自行研制并生产该车轴瓦，将任务下达给铜陵有色金属公司。

轴瓦试制组以机修厂全国劳模俞世义为组长，书记由机关总支书记张令先兼任，成员有技术员李应福、调度员陆宝琴、技师秦付坤和蔡廷鹏，加上工人共有十多人。

试制组当时无专用厂房和试验所需的设备及测试仪器，加上成员们对重型车轴瓦制造专业技术未曾接触过，外文水平也不高，连进口车的原文技术说明书都不能完全透彻理解。拆卸报废的轴瓦仔细观察，看不出来轴瓦内衬的材质，也无仪器能测出其材料成分和相关的原料配比、铸造和热处理工艺，试制刚开始就遇到拦路虎。

（二）一调余凯成受阻

听说公司劳资处长的弟弟余凯成曾在空军航校材料系任教，懂多种外语，被打成右派劳动数年摘帽后，目前正在学习班学习，等候分配。如能调来我们单位，对试制定能发挥作用。组长令陆宝琴以试验小组名义打报告给公司申请调他来铜陵公司工作。报告上去后，未获批准。

（三）二调余凯成未成功

申请外调人才受阻，小组决定自力更生克服困难，从公司试验室借用小型显微镜、天平和洛氏硬度计等仪器；又从机修厂和露天矿设备科调来部分车床、刨床、变压器、电焊机、乙炔发生器等设备。试制组升级为试制车间，俞仍任主任，人员也有所增加，如热处理工就调入四人。

有了加工设备后，用车、刨等方法将轴瓦的合金内衬加工成粉末，放入坩埚内熔化，目的是想检测出其材料成分和机械性能，但由于缺乏相关人才和仪器，任何有用数据均未得到。俞世义决定以需要专业材料人员为由，再次申请调入余凯成。公司当时是全国铜产量最大的生产单位，又有部分军工产品，公司纳入国防生产系列，属绝密单位。引进人员需经冶金部党委批准，第二次申调又未成功。

（四）自行试制失败

外援无望，还得自行努力解决困难。

轴瓦是两片半圆形状，合装而成轴承，有钢制瓦壳，内有铜合金内衬。精确测量后发现轴瓦不是严格的半圆形，而是半椭圆形，张口的一面是长轴。这点大家很快就懂了，只有这样半片轴瓦装入圆形瓦座，才能产生足够的弹性张力，紧压在圆形瓦座上不产生转动或移动。

对几种不同型号的轴瓦进行几何尺寸测量，得出：

大号轴瓦外壳厚度：3.75mm；铜合金内衬厚度：1.75mm。

中号轴瓦外壳厚度：3.50mm；铜合金内衬厚度：1.50mm。

小号轴瓦外壳厚度：3.00mm；铜合金内衬厚度：1.00mm。

进一步检测，发现瓦壳内外两面硬度和金相组织均不同，内面硬度高于外部。我们猜测瓦壳为低碳钢，内表面渗碳经热处理使其硬度上升，以承受较大的压力。

轴瓦装在瓦座上，瓦座为生铁铸造，背连水套，水套的进出口水管均与汽车水箱相连。

轴瓦内衬铜合金的材料成分种类和组成比例均不知道。在四处搜寻资料时，我们在铜陵县档案室偶然发现宋朝铜官上奏朝廷的底稿，上面提到一种耐磨铜合金的成分为铜、锡、锌和铅。其中含3.3%铅的铜合金耐磨性最好，且无须油做润滑剂。底稿还以火焰颜色作为估计的冶炼温度。这份奏折底稿给了我们启发，并为古人的成就而自豪。但这并不是"索玛"矿石车轴瓦内衬的铜合金成分，还需要我们更精准地分析它的成分和构成比例。

通过公司中心化验室对轴瓦内衬的分析，确定是渗有铅、锡和锌的铜合金，铅的含量约在3.3%，金相显示错呈细球状均匀分布在晶格中。我们按这种材料组成比例熔炼铜铅合金，发现存在较严重的偏析，材料构成比例和金相组织均达不到要求。浇注的铜合金浸入水槽时，还经常产生轰爆溅水现象，滚烫的水滴向四方飞溅，幸好工人跑得快，没有伤到人。

解决不了铜合金的熔炼，大家决定先试制轴瓦壳。分头加班制作热处理炉、渗碳箱，车制低碳钢的轴瓦壳，放入渗碳箱对瓦壳内面进行渗碳，再浸水冷却硬化。没料想固态渗碳及其淬火处理进行过多次试验，内表面含碳量浓度总提不高，硬度达不到要求，金相组织也与德国原件相差甚远，而且浸水淬火时还经常发生轰爆溅水现象，弄得大家一筹莫展。

铜合金冶炼不合格，轴瓦壳渗碳淬火质量不达标说明我们不掌握合金冶炼和热处理工艺。听余日晖处长说他弟弟余凯成在航校教过材料和热处理技术，正是我们试制任务所急需的人才。组长再次申请调入熟悉专业技术的余凯成。

公司领导知道"索玛"车轴瓦试制任务的重要性和紧迫性，估计也了解到我们试制组试制过程的艰辛和失败的事实，对我们这次申请调人报告比较重视，组织干部处的老白同志专门找余日晖处长详细询问了余凯成的专业技术，知道他在部队有多次立功受奖的事迹。借调来余凯成的人事档案，仔细审阅，发现余确是部队技术骨干，目前所在学习班又有可以自行寻找工作的政策，白认为有可能将余凯成调入，遂和我再一次修改人事申请调动报告，亲自赴北京冶金部办理此事。经过努力，冶金部人事司于1963年6月7日批准余凯成调入铜陵有色金属公司，余于7月22日来我们试制车间开始工作。

（五）打响第一炮

余凯成一来就穿着劳动服到试制现场参加劳动，了解试制进展和已有的技术手段。他提出固态渗碳需要在炭粉中加入精细盐才能提高含碳浓度，并使碳颗粒球墨化。大家将信将疑，但还是买来大颗粗盐，做了一个大水箱洗盐，一个小水箱煮盐，待水分蒸发后，又用自制的电动小钢磨将盐磨得更细，与炭粉拌匀放入瓦壳到渗碳炉进行渗碳，果然含碳浓度大为提高。

他认为采用一次浸水淬火法不一定能实现所要求的金相组织和硬度，可以试试二相冷却方法，即先水淬接着油淬再适当控制回火过程。这时有了渗碳浓度的成功，大家已经相信他的建议，摸索试验了几次，果然取得成功。不但轴瓦内表面的金相组织与原件接近，硬度检测数据也与原件基本一致，我们试制的信心因此大为提高。

他来后深感大家对金属材料和热处理技术的了解有限，主动搞了几次小型讲座，介绍金属学和热处理有关的知识；同时，他积极支持蔡技师把一台生物镜改装成50X的金相显微镜，以便及时观察所冶炼的材料，免得送到数十里外的公司中心试验室，费力又费时。

（六）攻克铜合金冶炼难关

当时冶炼出的铜合金成分和金相组织与原件不一致，且冷却浸水时易发生轰爆溅水现象。经过大家多次讨论，余凯成归纳为：铅含量较高的铜合金融化时要求温度范围较窄，用水银测温计观测出的温度精度不高，很难及时加以控制。温度偏高容易造成某些材料的烧蚀。合金成分分布不均匀，铅的球化不理想；有偏析可能与冷却速度过慢有关；再就是氧、铁、锡等有害杂质的存在可能造成多元共晶体。

他建议采用铂铑温度计对溶液温度进行自动测量和记录,以便及时有效操控和调整;要增加合金溶液的冷却速度,可以建造一个大的冷却水箱,加大贮水量和贮水深度并尽量缩小工件从熔炉至水液的搬动时间。

根据建议,我们采取有针对性的行动,借来铂铑温度计及其自动测量记录装置,做了一个约 $2m^3$ 的大冷却水箱;净化添加到坩锅内的原料,尽最大努力减少杂质;在浇注的模具上绑上两根索,一旦熔炼温度和时间达到要求,用两人拉起模具,迅速沉入水槽底部。这样反复摸索试验几次,不但没有发生一次溅水现象,铜合金的成分、构成比例、金相组织和机械性能都很接近原件,试制基本算是合格,取得第二次突破。

(七) 又迈过一道坎

经观察分析进口原件,发现瓦衬是整体浇注在瓦壳内,再车削抛光成形。我们做了一个带水套的模具,装入瓦壳,瓦壳中心安装一个内衬芯柱从而形成一个环形空腔,往空腔内浇灌铜合金融液,就可得到轴瓦内衬毛坯。

出乎我们意料,浇灌进去的高温合金溶液对瓦壳内壁起了加热作用,而水套的冷却水不能迅速散热,瓦壳内壁产生退火现象,原来对内壁的淬火硬化效果丧失。面对即将试制成功的这次失败,我们并未灰心,大家都在想办法解决。

一天,余凯成抱来一个大湿泥团,将泥一点点塞进水套,取代水套中的水,大家信心并不足,但都愿意试一试,没想到湿泥团的散热效果很好,取出浇注的铜合金轴瓦内衬后,检测瓦壳内壁的硬度和金相组织与淬火硬化处理的原件基本相同,没有出现退火效应。这一道拦路高坎终于迈过去了。

其后,秦、蔡两位师傅又自制了车削夹具和小型抛光机,使轴瓦内衬的几何尺寸精度和表面光洁度都达到进口原件的技术要求。至此，试制工作终算取得阶段性的成功。

（八）运行试验

为了检测自件的可靠性和使用寿命，俞主任在公司生产调度会上提出，用三台"索玛"矿石重型自卸车，分别装上自制的轴瓦做实地重载跑车试验。由于载重量、行驶路面质量和路程的不同，三台车的轴瓦安全使用寿命分别为8.5个月、10个月和12个月，拆卸检查发现全是轴瓦钢壳碎裂。使用寿命与进口原件差距太大。

大家讨论研究原因，余凯成提出，是不是我们自用的金相显微镜倍数不够、功能不全，对进口轴瓦钢壳的材质成分检测不精准？我们将进口和自制轴瓦送到公司中心试验室，请求进行一次详细、精准的化验。化验结果显示：进口轴瓦外壳的材质并非普通的炭素钢，而是含有锰、钛和微量锌的合金炭素钢，在金相组织方面也显示出两者的差异。进口件的内表面硬度虽然和自制件相差无几，但冲击韧性和疲劳强度恐怕会高出很多。当时中心化验室并没有测试这些机械性能的设备，无法交给我们一份有准确对比性能的数据。

当时国内并没有厂家生产此类合金炭素钢，以我们厂的技术条件和人员水平，根本不可能在短时间内试制出来。

无奈只好将测试的实际结果上报冶金部，大家有些灰心，认为试制未取得成功，担心冶金部的批评。

万万没料想到国务院发来了嘉奖令，冶金部也发来通报表彰和奖励文件及一笔奖金：奖励试制小组人员；下令我厂立即组织批量生产，并调拨各种新设备给予支持。

我们后来理解了在当时的国际环境下，只能以数量来弥补质量，缩短使用周期，定期组织轴瓦更换，不仅为国家节省外汇，而且可以维持各矿山的正常生产！

（九）批量生产，谁是英雄？

公司接到国务院的命令，高兴之余，立即建设新的厂房，安装新调拨来的多种设备，扩充人员，组织批量生产。国产轴瓦生产出来，全国有"索玛"车的单位，纷纷来我厂购买轴瓦，不但提高了公司的名声，也给公司带来源源不断的利润。

工厂生产的轴瓦投入使用，试制小组人员成了英雄式的人物，备受全公司的青睐。

轴瓦试制的成功确实是全组人员拼搏努力、群策群力的结果。谁是英雄？群众是英雄！实事求是地讲，群众中每个人的贡献力度并不一致，余凯成无疑是其中贡献最大的！可是试制组成立时没有余凯成的名字，他是中途加入者，所以奖金分配名单中没有他，但他的贡献有目共睹，大家发自内心地从各自奖金中抽取一部分给了他一份奖金。

九、同事、师生、挚友和兄长

杨明炎

2011年国庆节金秋送爽，举国欢腾。恰逢挚友凯成兄八十岁生日。因此国庆节当天，我挂通了他的长途电话，庆贺他八十大寿，并祝愿他战胜病痛困扰，健康长寿，天天快乐。然而地处南北远隔千里，数载未剪西窗烛，一次长途"煲粥"又怎能解决问题？回顾几十年的相处，半个世纪的交往，我们之间经历了同事、师生、挚友和弟兄角色的转换，使我受益匪浅……其时恰又接到他嫂子倩姐的北京来电，云及为祝贺凯成八十寿庆，朋友们拟为他出本集子以为纪念，约我撰稿。我虽自感功力不济，力不从心，的确也有责任和义务捉笔，如是写了下文，既是心迹流露，怀念过往岁月，更算是提供素材，供编辑斧削剪裁，以了却我的心愿。

初识

1963年夏末初秋，我从武汉热处理厂参观学习回厂，车间主任俞世义同志找我谈话，直白地告诉我"厂里将分配一名姓余的师傅到你们热处理。据说余本人原在部队教'热处理'课程，理论上有一套，是个学习的机会，但也有点问题，先跟你通个气，过几天会来上班"，末了补上一句，"你平时工作中注意一些就是了"。这番话以当时的社会氛围，或许包含主任个人的好心关照，告诉我既要有点提防的心理准备，亦可适时学点专业知识，否则是没有必要点破题，把基本情况告诉一位普通工人的。但是，我总在想，当工人只要遵纪守法，好好劳动，不出事故，完成生产任务就行，能钻研技术再搞点小改小革更好。何况工人长年在一线劳动，每天都是和机器设备、产品打交道。说句不中听的话是位卑言微，其影响又能大到哪里去？因而面对主任的"吹风"，没有过份地放在心上。

没过几天我去车间办公室接他，主任称其为老余，其实并不老，当时估计最多也就在"而立"之年上下，高大的身材，戴一副近视眼镜，衣着十分朴素。交谈时诚恳的态度和流畅的语言表达，证明了主任的介绍，是个"理论有一套"的学问人，很难想象是一个因故下放当工人的师傅。随后，我带老余到小组给同事们介绍：余凯成同志从东北调来，也是搞热处理专业的，欢迎老余来我们小组工作，增强我们的技术力量，也希望大家尽快帮助老余熟悉小组、车间和厂里一般情况，尽快适应新的工作环境。从此，我和凯成经历角色的几次转换，建立了迄今五十年的友谊。

同事

凯成来厂初期，宿舍问题无法解决，无奈只好借住在离厂五六华里之外的人民新村，其兄长余日晖的宿舍内。他眼睛近视，厂里也没有通勤车接送职工上下班，所以每当分班作业时就让凯成和我同做白班（上午八点至下午四点）。这既有利于我了解小组大、小夜班的生产情况，有事时好与车间及兄弟小组联系，也

初心不改
中国案例教学研究开拓者余凯成

确实给凯成带来不少方便，对领导的"招呼"也能说是交差吧。随着时间的推移，凯成工作十分努力，手脚勤快，从不惜体力。对我的工作也是尽力支持帮助。我们公司是个大型国有企业，拥有采矿、选矿、冶炼、地质勘探、建筑、交通运输和机械制造等众多厂家，有多种生产设备和机器，维修制造的工作量大，要进行热处理的零部件委实不在少数。他主动提出，逐一进行分检归类，配上简图和工艺曲线，做成正规的工艺卡片，有利于规范化管理，实在方便不少。对于公司外部和周边县城送来协作、要求处理的农用机械和其他类型的机械零部件（如船用、制冷、榨油、纺织及各类车辆的零部件等），也都提出不少好的建议，并与大家讨论，集中统一意见，做成正规工艺卡片施工。之所以这样做，主要是这类零件数量少，种类多，尺寸悬殊，形状复杂，材质不同，真是五花八门。对于几乎全手工操作的我们，弄不好，不是变形就是开裂，因而对材质、加热方式方法、淬火介质和淬火夹具的选择及淬入方式等都必须事先考虑周全。例如铜陵县大通油粉加工厂，解放前从德国买来的老式榨油机上的摩擦片坏了，被迫停机。派人到山东、上海采购落空，无奈委托我厂加工处理。对这个直径达45厘米，而厚度仅有5毫米的薄片型工件，淬火变形是最大的问题，靠利用回火余热校正肯定不行，且数量仅有四片，我想利用加压喷淋的方法处理，控制其变形，大家认为可行。凯成则利用原有机架，巧妙构思设计出一套下有定位托墩，上有自由落体兼具杠杆加压长臂连动，上下可同时喷水且瞬间完成全部动作的淬火夹具，进行处理获得成功。

凯成有广泛的社会关系，联系同行积极交友，互通信息，互相交流。他先后应许勤伦、庄文伊的要求，推荐我去贵池县农机厂、铜陵县农机厂为他们解决油泵油咀淬火变形开裂问题，改装火焰表面淬火机床和培养人员等。这些工作理所当然是全义务的，吃饭付钱，另加三两粮票。但是成功了，自己又在实践中得到了锻炼和提高，心里感觉还是蛮开心的。工作之余，彼此也谈谈心互相切磋，交换看法，凯成从来不自以为是。后来我陆续知道，凯成出自名门，家境殷实，从小受过良好的家庭教育，读书勤奋。他为人光明磊落，对中华人民共和国充满信心，即便后来受到处分，这一信念也从未动摇。他跟我谈得最多的是，中华人民共和国成立初期与兄长日晖谢绝父母为自己出国求学的安排；讲同时被国内两所大学录取，就近就读上海交大；讲大学辍学，报名参军，参加抗美援朝；讲在东北工学院进修；讲在航校从学员到教师的成长；讲1957年受处分；讲下放农村改造，讲苹果园丰收的喜悦，甚至参加农场当地老乡婚宴，不嗜烟酒的他唯独一次"干杯"几乎被放倒；讲1963年调到铜陵。他如此坦诚、没有隐瞒的介绍，令我敬重。对他原有的那点"注意"则不知不觉、渐渐地淡忘了。

那时我们小组全是青工，实践中也多少有些看工具书的习惯，大多在早晨电炉升温阶段，凯成来了也一样，不过看的多是一些理论书籍，时间长了凯成跟我说，看工具书翻手册之外，学点理论知识也是蛮好的。我嘴上不说心里在想，我是工人，最要紧的是动手能力，有熟练的操作技能，并在实践中积累经验，保证自己的产品合格就行，读书的目的在于实用。因此，除了订阅《机械工人》（热加工）外，只看《热处理工读本》《简明热处理工作手册》，偶尔也到新华书店买些经验汇编小册子和活页资料，它们对我的帮助不小。至于读那些专业理论书籍，应该是工程技术人员的事情，再说理论书籍的道理深奥，摸不着看不见，抽象难懂，没人讲授自学能行吗？

凯成则说，你是高中生，应该有自学能力，只要坚持就肯定能行，有困难我帮你。禁不住他多次好心劝说，其中也有不好意思的成分，几经考虑去厂生产技术科借了一套许冶同的《钢铁材料学》来读，该书发行在中华人民共和国成立初期，考虑到时代背景、读者对象，作者讲的道理还不是特别深奥。我因为没有压力，

初心不改
中国案例教学研究开拓者余凯成

在不求进度只求搞懂的原则下，不慌不忙地学，遇到难点疑点琢磨不透的问题就问凯成，得到他热心指教和帮助，慢慢地尝到一些甜头，懂得一些最基本的系统知识，起码知道钢和铁来龙去脉的连贯知识、钢和铁理论上的区别等。

随后从自身体会出发和小组同志商量，能否集体上课，学习一些基础理论，大家也表示同意。我即与凯成商量开课问题，我的意见是，教学内容可以长期计划，授课时间只能根据生产实际灵活安排，小组平均文化水平不高，不要讲得太深太快，否则有可能挫伤大家学习的积极性，一句话：欲速则不达。就这样断断续续几个月，大家反响比较好。从此，我与凯成在一个小组共事九年时间，在他的帮助下，我先后自学过《金属学》《金属工艺学》《金属学与热处理》《钢的热处理》《钢的化学热处理》等，以及锻工出身的车间副主任许荣根老师傅送我的一套他获奖的《金属学与热处理手册》丛书，实使我受惠良多，只不过当时社会局限，中苏关系虽紧张，但苏联在中华人民共和国成立初期的影响仍未全部消除，读的书很多都是苏联学者古里亚耶夫、沙莫毫斯基、古德佐夫等人的中文译作。

转眼到了1964年春节，凯成几个月的工作表现，得到了车间广大职工的认可，都认为他没有知识分子的架子，人热情好接近，当时车间领导为加强对青年理想和钻研技术的教育，决定举办"科学技术小讲座"，委托凯成主讲，由车间团支部（支部书记鲁传书、组织委员许金荣、时任宣传委员的我）负责组织。每周六一次，利用班前四十分钟时间，面向车间青工。讲的内容当然是围绕着"理想与技术"，每周五由团支部青年监督岗岗长蒋平同志在车间黑板上公布，至今记得的内容不多了，有"万吨水压机诞生了""电渣焊是怎么回事""中国古代的四大发明""倪志福的群钻""劳动英雄孟泰""掏粪工人时传祥""纺织女工赵梦桃""树上苹果落地的发现""伽利略的日心说""中国原子弹爆炸，赫晓鲁夫下台"，也有解放战争和抗美援朝时期战斗英雄的介绍，记得有次讲座题目很有意思，叫作"山巅一寺一壶酒"，实际上是结合生产讲圆周率的。每次讲座，时间有限不能"拖堂"，且要求内涵丰富、主题明确。凯成精心准备，抓紧时间，好像讲故事一样，特受欢迎。有的青年人还自出题目要求凯成讲，后来一些老师傅看到青年人和车间领导都在听，也跟着来听，甚至兄弟车间也有人赶来听。年末，车间团支部被厂团委授予"四好团支部"，其中"科学技术小讲座"活动的开展是一个成绩，这也是凯成的功劳。此项活动一直坚持到1965年，行政建制撤销而终止。

这一年，车间继续上年业已开始的索玛（SM）汽车轴瓦的试制工作。原产法国的索玛车，是当年公司露天矿用于运输的重型卡车。载重量大，爬坡和适应路况的能力很强。但由于法国的技术封锁，我们没有技术资料和备份件。轴瓦的损耗很大，严重影响整车的使用寿命，出现了"等米下锅"现象，公司受冶金部委托，决定由机械总厂自行研制，以解燃眉之急。

一般搞机械的人都知道，轴瓦是滑动轴承的重要组成部分，作用在于承受载荷的同时，侧重减少摩擦损失。它全用减摩材料制成，并常在轴瓦内侧开槽贮油进一步减摩；有时还需在轴瓦内侧表面浇筑一层减摩系数更好的材料，这就是轴承衬，又因轴瓦和轴承体之间不允许有相对移动，便在轴瓦上设置凸缘以起定位作用。索玛车轴瓦从外观看，属于内有轴承衬，外有定位凸缘的那种。

"新产品试制车间"既没有铸造设备又没有多少从业人员，一张白纸从零开始。最后确定由车间主任负总责，采用特殊的离心浇铸法工艺试制，由精通冷热加工各工种、时任工艺组组长、被人们称为土专家的秦传坤老师傅组织实施，仅有后被评为"铜陵张海迪"的陆宝琴同志（当时车间唯一的技术员）和很少的几个人协助。只见他们找地方，拉电源，接水源，不停地出图加工各种零部件。不

初心不改
中国案例教学研究开拓者余凯成

断在调来的闲置机床上拆装改造，非常忙碌，却也有几分神秘色彩。

我是局外一员，除了好奇，也就是瞟瞟看看有个总体印象，令人高兴的是，离心浇注机没过多长时间，就研制成功了。难就难在关于轴瓦本身，没有任何技术文件指导，无法知道轴承衬的成分和配比。这时，凯成帮了大忙，和陆宝琴一起，通过厂化验室和公司中心试验室的化验，也许还有别的渠道吧，总之，弄来了一些配方，在工艺组办公室的小台秤上称量，然后编号封装，试验时直接投入经粗加工的轴瓦，进行离心熔炼和浇注。各种配方逐个试验，不断调整成分比例和投入总量，不断调整熔炼时间和温度，不停地改变机床转速，不断调整水压和冷却时间长短等。每次试验针对出现的问题，开会研究寻找原因，不断总结不停改进，在摸索中前行。虽然问题在逐步减少，但人们期盼的完美结局却始终未能出现。最后又对配方再次筛选，并加入一些贵金属元素，试验出现转机，取得很大进展。历尽一年多的时间，通过上百次的试验，索玛汽车轴瓦终于试制成功，随即转入应急的小批量生产。这里我想说，写写只有几百字，如果不是当事人永远尝不到当时的艰辛。

与此同时，凯成还接到厂里设计建造大型燃油加热炉的任务，用来解决大型工件的热处理。设计燃油加热炉的关键项目：一是燃油喷嘴在风力作用下要有极好的雾化效果，保证完全燃烧；二是炉膛空间容积大，为保持炉膛内的温度均匀，对炉膛底部火焰通道布局要求十分讲究。针对上述要求，凯成大量搜集资料，跑新华书店，到图书馆，实地考察参观，潜心研究设计。建炉过程中，在没有专业砌炉工的情况下，和有经验的瓦工一道，精心研究施工方案，从构思设计到建炉完工花了半年多时间，又经自然风干和柴炭烘烤后，在钳工张跃华师傅协助下点火试车，经过两次改进，终于在第三次成功. 热电偶测试显示，不仅达到工作温度，炉膛内各点的温度也相差不大，冒出的白烟表明雾化效果良好，燃烧完全。那时虽然发现大庆油田，摘了贫油国的帽子，但燃油仍然是紧缺产品，大量使用必须经过申请报批，加上燃油成本较高，故除非必要不开此炉，使用率不是很高。

1965年，全厂搬迁新址，我和凯成凭着工龄分到当时在厂里来说是最好的两人间单身宿舍，从此吃住和工作均在一起，关系也更加紧密。

当时厂里又决定为热处理上马高频淬火项目，派凯成、华寿根、马有桢和我一行四人，赴上海热处理厂参观考察学习，行前明确分工：凯成负责包括设计制造淬火机床在内的全面工作；华寿根负责电气设备安装和维修保养；马有桢和我跟班学习操作，重点放在不同类型工件感应圈的设计制作和学习铜材的气焊技术。历时四十天回厂，建造项目立即启动。

凯成先搞土建基础图，便于高频机的安装，然后转入淬火机床的设计，根据我的操作体会和方便日后维修保养，我建议以立式为好。经过一个多月时间，全部图纸出齐，在厂技术部门批准后立即施工，速度确实够快。

随后"四清"工作队驻厂，开展"四清"运动，干部"下楼洗澡"，群众互相"揭短"。翌年，又开始了长达十年的"文化大革命"，工程一直到1967年下半年总算基本完成，其间凯成受到冲击，我也得到"帮助"，但工作还得继续，高频淬火一次试车成功，多少有点欣慰。但好景不长，电工华寿根师傅反映，用于冷却电子管的自来水不干净，不仅影响电子管寿命，还有可能导致事故，后果难以想象。在那个非常时期，我不敢有丝毫差池，立即上报车间，得到的答复是反映属实，自行想法解决，却也难为了我们。

我首先想到仿效厂化验室在厂锅炉房制取蒸馏水的办法，但路远量小行不通，于是和凯成商量，凯成建议在车间厂房外边，搞一个较大的封闭防尘的净化水池，

初心不改
中国案例教学研究开拓者余凯成

用水泵驱动，通过管道实现循环水冷却。建造后试验效果不错，总算把问题解决了。

前不久，我为了淬火机床的事，特意回厂热处理车间一趟。现任小组长的黄江平同志热情接待了我，他说淬火机床投产到现在，四十多年，中间经过几次维修保养，还没有进行过停产大修，目前也很正常，我想凯成知道一定会高兴的。

1966年以后的几年中，由于客观原因，凯成只搞了"钢板弹簧淬火机""硬度试验机组合平台"、内热式盐炉启动"辅助电极"等一些小改小革，没有大的项目。

值得一提的是那段时间，各地风行敬制毛主席像章，而像章模子的淬火，成了一门吃香手艺，但也是一项高危职业。热处理好了，大家可能都说好，有技术、有本事、献忠心；反之一有闪失，就有可能祸从天降，大难临头。为此，本着求安心理，一般人是不会主动请战的，我是小组长无法推脱，硬着头皮也要上，凯成则从一旁鼓励我要相信自己的能力，我真的受到了极大鼓舞。话虽这么说，实际上还是怀着慎之又慎、如履薄冰的心情，每次处理前的材质分析，从取样到化验结束，我必到现场，取样用的车刀亲自擦拭检查，不能有丁点油污，控制车头转速，必须保证化验样品与材质本体原色相同，不得有任何"回火"迹象出现，防止化验时发生增碳和减碳的情况，并小心保留备份有待复查。淬火时为了避免干扰，都选在星期天休息时间进行，凯成始终陪着我，一干最少半天时间。幸好前后经我处理的30多枚像章模子，除一枚硬度不够有软点出现系材质原因外，全都过关，总算交了一份合格的答卷。

1971年春和凯成分开，我被以工作需要之名调到铸钢车间热处理小组。假若当时我是干部的话，那次调动是"荣升""平调"，还是"遭贬"？大家知道，我心里更清楚是后者，但我还年轻，我不在乎，再说铸钢热处理的人我全认识，其中两人还跟我学过热处理，组长汪明永知道内情，格外同情、照顾我，我一个工人有什么放不下的？没过多久，我又被暂借到车间办公室搞文宣工作。有一次车间炼钢工程师张荣仁同志出差在外，恰巧芜湖冶炼厂派人来我厂求援，我竟被厂指派前去帮助解决他们铸态高锰钢淬火的开裂问题。

行前，与凯成商量，他说热处理方面你没有问题，完全可以担当，但冶炼过程要特别注意，每炉钢有几次炉前分析，按顺序看化验报告单，比较诸元素波动，再与成品化验单对照相比，等等。我去以后经历一周，发现问题大部分出现在冶炼，一些元素含量处于上限甚至脱格，热处理的问题则存在于出炉温度和入水时间上。之后我连班干，为他们处理了一些炉工件，虽然仍有少量几件开裂，但比起原来绝大部分甚至整炉报废要好得多。

师生

1972年春上，《人民日报》发表了一篇题为《走上海机床厂发展道路》的文章，讲的是创办"七·二一工人大学"，从工人中培养工程技术人才的问题，那时我们机械总厂是全省的政治典型，厂党委书记是九大代表、省委常委、组织部部长。当然在创办"七·二一工人大学"这个问题上是不甘落后的。秋天，凯成被调离小组，负责筹办"厂七·二一工大"，单枪匹马开创局面，在常人看来不可思议，厂里工程技术人员起码也有一百多号人，这百里挑一的好事怎么会落到他的头上？怪吗？一点也不怪，根本原因在于，宁左勿右思潮的干扰，模糊了人们视线。在我看来，凯成历经磨难，虽然还不是完人（其实世上也没有完人），但他是"生活上知足，工作上知不足，学问上不知足"的知识分子，是最合适的人选。他知识面广，多才多艺，功力深厚，不计名利，忍辱负重，敬业爱岗，又有过从教经历，坚持信念，有强烈的事业心和责任心，玩命工作，老实说他长期的透支精力与此

初心不改
中国案例教学研究开拓者余凯成

后罹遭疾患不无关系，试问厂里那么多工程技术人员有谁比得上？

"厂七·二一工大"总共办了两期，有关一期的情况，润身和怀宝同志已有文介绍，不再赘述，仅受凯成的徒弟陆光华同志的委托替他补漏：由于办学成功，1975年12月，当时的中央新闻纪录电影制片厂曾来厂，拍过一个关于"厂七·二一工大"教学情况的新闻片，但不知后来放映过没。

1976年，我有幸参加"厂七·二一工大"二期的学习，成为凯成的学生，又在一起了，彼此高兴，二期和一期专业设置同为矿山机械修造，科目微调，减少英语内容，师资队伍调幅较大，不再大量外聘老师，依靠自身力量和资源整合，除"高等数学"延聘陈淑良老师外，"初等数学"则大胆起用留校的一期学员刘怀宝同志。他是"文革"前的高中毕业生，教学效果很是不错。其他专业课老师均在厂里工程技术人员中解决，凯成自己至少承担百分之四十的教学任务，还有包括编写刻印补充教材讲义在内的大量教务工作，每天纯工作时间至少二十个小时。天道酬勤，凯成的辛勤工作、认真教学，得到学员的赞扬和群众的肯定。记得时任省革委会主任的宋佩璋，有次来厂视察，听完凯成讲课后，即兴评说：老师的课讲得好，黑板上图（其实那是一幅边讲边画逐步完成的车床车头箱的立体示意图）画得更好，同志们听课也很认真等。

1976年，也是多事之年，国家三位伟人相继去世、唐山大地震、粉碎"四人帮"相继发生，社会活动明显增多，凯成看到学员抓紧时间自动延长晚自习，星期天上午也都泡在教室里的情况，认为长此下去对身体不利，就带领学员在教室旁边的坡地上建了一个排球场让大家活动，偶尔也和学员打几球，没想到在后来厂里举行的科室车间排球赛上，还得了第二名的成绩。二期开学不久，"厂七·二一工大"接到一项政治任务，把第一期学员结业设计的，业已用到生产实践中，且产生良好效果的多功位连续浇铸机和大型电动平板车，制成能完成全部动作的仿真模型，送往北京全国工业学大庆展览会上参展。二期学员却没有那么幸运，随着"四人帮"覆灭，揭批查的深入，机厂已由全省政治典型单位，沦为"重灾户"中的重点，结业课题是平衡吊车和电动增力虎钳，虽然也用到生产上，减轻了劳动者的工作强度，提高了生产效益，但规模比前者小，影响也没有前者大。尽管如此，我还是很珍惜那段时间，学到了不少知识，这也为我以后工作调动从教，由工转干，职称晋升奠定了较好的基础。

1976年10月"四人帮"被粉碎，经过短时间稳定，国家政局起了新的、可喜的积极变化，人们扬眉吐气，科学的春天已经走来。1978年8月，我们二期学员结业，回到各自原来的班组上班。1979年5月，公司成立技工学校，7月我离开机厂到该校从教。二期结业后，原想续办第三期，后来还是时任"厂七·二一工大"指导员的林贵章同志告诉我，随着"四人帮"倒台，跟人跟线问题摆出台面，厂原党委书记受审，续办第三期不是困难，而是根本无望。公司也曾一度考虑，准备接手并扩大规模续办，因寻找校址和组建师资队伍迟迟得不到解决，考虑再三，结合当时社会上学习外语成为一种时尚和风气，终于改变主意，把办公司"七·二一工人大学"的想法，缩编成办英语培训班，分设口语会话和笔译两个层次，英语无疑是凯成的强项。1978年底，他和林指导员一道被借到公司，人事和工资仍留在机厂。此时凯成已过不惑之年，在依然玩命似工作的同时，更不忘给自己充电，先后到北京外语学院和上海第二外语学院短期进修，充实自己。他所教的学生，后来不少成为公司处干和二级厂矿的总工或副总工，有的还成为专家学者。

1982年，在办了两届英语培训班之后，凯成终于有了机会，北上大连，正式在大学从事教学和研究工作，著书立说，成绩颇丰。北上后的凯成也数次南下回

初心不改
中国案例教学研究开拓者余凯成

到铜陵讲学，兴许是感恩心理或者其他什么，讲学全部属义工性质，不收分文，在市场经济的今天，无疑是难能可贵的。凯成每次回铜，定是我家客人，偶尔彻夜长谈，特别是1996年那次回铜讲学，时间稍长。他打电话给我老伴，为我请假去宾馆陪伴他，那时我白天上班，晚上陪他走访朋友（绝大部分也是我的朋友）或接待来访客人（绝大部分我亦认识）。他精力充沛，每晚接近午夜入睡，第二天照样办事，我虽比他年轻，却有些吃力，写到这里我想起一句民谚"埋在地里的黄金一出土定会发出耀眼的闪光"。

末了，我想说一声：凯成老兄，你我二十年相处，五十年交往的友谊，与日俱增，地处南北，难以团聚，但愿梦中常见，老弟远在铜陵，祝福你健康长寿，阖家欢乐。

十、铜陵从教历程

刘怀宝

1972年10月,余凯成同志受铜陵有色金属公司机械总厂领导委托,着手创办"厂七·二一工大"。此后凯成同志即全力以赴,夜以继日地开展各项筹办工作。在较短的时间内选定教学场地,招收了十七名学员,选聘了十八位专、兼职教师,设置了十六门课程,择定了教材并做了课程课时安排等。

与此同时,余凯成同志还通过广泛的社会关系,分别与清华大学、哈尔滨工业大学、浙江大学、合肥工业大学、山东工学院、华中农学院、福州大学及大连组合机床研究所等数十个高等院校、研究院所取得了联系,搜集了两千余册机械专业的各种教材、教本等参考资料,从而为"厂七·二一工大"的教学奠定了坚实的基础。

1973年3月,"厂七·二一工大"正式开学。余凯成同志承担了"普通化学""机

初心不改
中国案例教学研究开拓者余凯成

械制图""金属工艺学""金属材料与热处理""机床设计原理与制造"等五门课程的教学任务，编写了《金属切割原理及刀具》《机床传动与设计》《电器学》《电动夹紧装置与简易平衡吊》等讲义。

此外，余凯成同志还担负着学校的大量教务、校务等工作。办学期间，余凯成同志从合肥工业大学、淮南煤矿学院聘请了陶昇远、程景森、张体学、奚云馨等六位教师，并在机械总厂内聘请了十二位工程技术人员从事力学、电工学、液压传动、机械零件设计原理、金属焊接技术与工艺、机床电气设计等课程的教学工作。六个月后，余凯成同志指导学员设计并制造了"载重十五吨轨道输电式电动平板车"，该车应用于机械总厂铸钢车间与铸铁车间之间的运输，大大减轻了操作工人的劳动强度。

1974年10月间，余凯成同志又将机械总厂生产中数量较多、劳动强度大且加工较为困难的"矿车车轮加工"选定为"厂七·二一工大"的毕业设计课题。在余凯成同志的主持下，设计并制造了矿车轮浇铸机、矿车轮加工组合机床。

1975年，余凯成同志带领"厂七·二一工大"学员，携带着该课题的设计方案和图纸，赴南京、上海等地考察，先后考察了南京机床厂、南京汽车制造厂、晨光制造厂、常州柴油机厂、常州机床厂、无锡机床厂、无锡油泵油嘴厂、上海机床厂、上海工农动力机床厂、上海拖拉机齿轮厂、上海农药厂、沪江机械厂、上海多用机械厂、上海冶金机械厂、上海第一冷冻机械厂和上海柴油机厂等。在上海柴油机厂，就矿车车轮加工组合机床设计方案及图纸与上海柴油机厂的工程技术人员进行了深入的探讨。该设计方案受到上海柴油机厂工程技术人员的肯定和好评。此后，这两个设计项目均作为优秀设计参加了1977年7月的全国工业学大庆展览会。

1976年6月至1978年9月，余凯成同志又续招"厂七·二一工大"第二届学员24名，开设16个文化、专业课程。先后进行了"电动夹具设计"与"简易平衡吊设计"。在1973—1978年，两届"厂七·二一工大"共培养学员41名，为工厂培养了一批专业技术人才与生产技术骨干。

1978年8月，余凯成同志又受铜陵有色金属公司委托，着手筹办"铜陵有色金属公司英语培训班"，余凯成同志在较短的时间内便选定了教学场地、教学教材，并完成了学员招收工作。与此同时，其先后从北京语言学院、北京第二外语学院、南开大学、重庆大学、湖南大学、郑州工学院等高等院校搜集了各种版本的英语教本及教学参考资料等。

1978年12月，铜陵有色金属公司英语培训班正式开学。余凯成同志承担了英语句型与练习(Pattern Drills)的教学。并编写了大量的对话与阅读材料(Dialougues and Reading Meterials)等。至1980年5月，铜陵有色金属公司英语培训班首届学员学成结毕，1986年6月，又陆续办第二期英语培训班，两届英语培训班共计培养外语技术人员80余人。

刘怀宝同志：

铜陵有色金属公司机械总厂"厂七·二一工大"第一期学员。结业后留校，除担任第二期"初等数学"教学（采用西安交通大学工农兵学员教本）外，协助处理校务事宜。后又参加铜陵有色金属公司英语训练班第一期学习。结业后，调市科委情报处担任英文翻译工作至退休。

十一、亦师亦友我师父

陆光华

余凯成是我的师父，我也是他一生中唯一的徒弟。在我后面两年多的学徒期间，他给予了我许多的关怀和帮助，不仅教会了我怎样做事，还教会了我如何做人。他那一丝不苟的释疑解惑精神使我受益匪浅，可以说，他既是我的师父，亦是我的朋友。

当年，不满17周岁的我，因母亲工亡顶职进了铜陵有色金属公司机械总厂当了一名热处理工。到了班组后，一位30多岁、身材微胖并戴着一副度数较大眼镜的师傅给我留下了深刻印象：干完活后，别的师傅都在休息了，可他却还在忙这忙那；有时候，他又会和其他师傅在一起海聊一通，让我这个刚从校门到厂门的"小鬼"听得津津有味。通过他，我知道了许多书本上从未曾有过的东西。有人告诉我，他姓余，叫余凯成，是我们班组乃至全车间中知识最渊博的一位工人，我对他暗生敬佩之情。

刚到班组时，班长没有直接将我分配给哪位师傅，只是跟在大伙儿后面干些力所能及的事。由于对余老师有敬佩之情，因此，我俩交流比较多。他经常把我叫到身边，向我传授一些热处理知识和操作技能。他告诉我说，一名年轻人要有朝气，要趁年轻时多学点东西，不要到老时后悔。半年后，班长看我和余老师走得比较近，就将我正式分到他的名下。就这样，我成了余凯成的徒弟。此后，他更加热心地教我热处理操作技能和知识。什么是铁碳平衡图、什么是奥氏体、马氏体；工件被加热到什么颜色情况下是什么样的温度；什么样的材质用什么样的介质淬火；等等。有时，我对一些理论的东西一时半会儿没弄懂，他也会不厌其烦地耐心解释。为了让我能够很好地掌握操作技能，余师傅不仅认真地教我，而且做给我看。我进厂时虽说身高有一米七八左右，但体重却只有百来斤重，属麻秆一个，因此，对一些大的工件，他都是自己去搬。他对我说，你们年轻人正是长身体的时候，不要累坏了影响成长。他除了教热处理技术之外，有时还讲一些机械方面的知识。他告诉我，一个人要多学点东西，这样对成长会有好处的。随着时间的推移，我逐步了解到，热处理的一些操作设备均是由他设计的。

余老师不仅在技术上帮助我，在生活上也是处处照顾我。看我身体比较瘦弱，他隔三差五地把我叫到他家，叫保姆做几个小菜，改善一下我的伙食。到后来，他没有把我当徒弟，我也没有把他当师父，彼此朋友一般，不时拿起酒杯小酌一会儿，但从不让我多喝。他说，酒是一个好东西，但喝多了不好，容易伤身体。如今我的酒量可能与师父的培养有关吧，说句笑话。他家有一台缝纫机，经常叫我把家里破的衣服拿到他家，叫师母给补一补。我的缝纫手艺就是在他家学习的。

余老师是一个既严肃又会搞笑的人。工作之余，会讲一下笑话给大家听。我跟他一起上夜班时，他经常讲一些鬼、怪、狐狸精之类的故事，他讲得神神秘秘，听得我既毛骨悚然又如痴如醉。后来，我才知道有些故事是《聊斋志异》上面的。我最难以忘怀的是，第一次接触小说《一双绣花鞋》就是从他嘴里听到的。他还

初心不改
中国案例教学研究开拓者余凯成

画得一手好漫画,我经常被他当作绘画的对象,画上几幅漫画,博得大家一笑。

作为余凯成的徒弟,我经常到他家去。在他家,看不到像样的家具,然而,却有1/3的地方被书籍和资料占领。从国内到国外,从古到今,从天文到地理,有文学类的也有自然科学类的,有中文也有外文。这我才明白,师父为什么有如此的满腹经纶。每到他家,我都要在他的书架上翻看一番。后来,他干脆把书给我带回家看。中国的四大名著,溥仪的《我的前半生》等,都是从他那里借来看的。记得,《三国演义》是竖排版、线装订的,出版于1949年前,繁体字。此外,他还借了不少诸如历史、自然科学以及技术等书籍给我看。他不仅手把手地教我技术,还用书,用他的行为从人格、人品、道德和人生价值观方面教我,要做一个堂堂正正的人,不要藏着掖着,要以诚待人,以信待物,以义为利。从他那里,我学到并懂得了很多。1973年,师父被调出热处理,筹建"厂七·二一工大",我也结束了三年的学徒生涯。但师父对我的关心没有变,经常邀我到他家做客,对酒畅谈青春励志的事情,勉励我继续努力。1978年,国家恢复了高考,他又抽出时间帮助我补习文化课,但由于多种主、客观原因,我没能去拼搏一下,辜负了师父的一片心意,现在想起来还很后悔。

我为余凯成崇高的人格和渊博的知识感到骄傲和自豪。我也忘不了师父对我在技术上的帮助、知识上的指点,他永远是我学习的楷模。

陆光华同志:

铜陵有色金属公司机械总厂热处理工人,后调入厂工会工作,先后担任过俱乐部电影放映员及工会办公室秘书,1989年调入铜陵有色有线电视台任摄像和文字记者。

十二、师恩难忘

颜润身

  1966年，我正在读小学五年级，十年浩劫开始了，学校停课了。我回家帮爷爷摆了两年茶水摊。1968年的秋天，随着学校开始复课，我也就顺理成章地进了初中。这样又过了两年，到了1970年，我刚满16周岁，就作为表现比较好的学生被推荐到工厂，补充工人阶级的新鲜血液。我就这样到铜陵有色金属公司机械总厂机电维修车间，当了一名车工学徒。当时，很多同学羡慕我，因为当时的口号是工人阶级领导一切！可是，我从小就有一个上大学的梦，理想是当一名工程师，为社会主义和共产主义贡献聪明才智。现在我成了一个小学徒，也许今生与大学无缘了。

  我当时能做的就是好好学好技术，当一个好工人。在师父的传带下，我很快掌握了车工的基本技术，不到六个月，就能够独立操作车床了。在当学徒的日子里，我很快认识到，要学好技术，还非得有文化知识基础。没有科学和文化，所谓建

初心不改
中国案例教学研究开拓者余凯成

设社会主义不过是一句漂亮的口号。我开始买各种各样的文化书籍，利用一切可以利用的机会来学习，充实自己。转眼到了1976年夏天，车间要为颇有名气的"厂七·二一工大"推荐第二期学员了，我想这是一次难得的机会，便向车间写了报告，要求到"厂七·二一工大"学习。经过班组、车间两级推荐，并由厂革委会批准，我终于争取到了进厂以来第一次脱产系统学习的机会，也认识了终身难忘的余凯成老师。

那时，余老师没有被任命任何职务，但却是整个"厂七·二一工大"的擎天一柱。他要组织全部教学活动，制订全部教学计划，考虑开哪些课程。为了让我们能学到实用的知识，余老师参考了好几所大学机械专业的教材，自己动手编写了许多我们既能听懂，又不失相当于大专水准的教材，还要自己动手刻印。看他一天到晚忙个不停，除了上课，手不离笔，写呀，刻呀，走路都是小跑。我被余老师那渊博的知识、那种不知疲劳的工作热情、那种忍辱负重的孺子牛精神折服，感动。比起那些口号喊得震天响，却一样实际工作也干不了的人，余老师这样的人才是我们民族的脊梁！有了这样宝贵的脱产学习的机会，有了余凯成这样好的老师，我正要抓紧时间好好学点东西，可是坐下来没几天，唐山地震了，又没几天，毛主席去世了，国人的心都很沉重。国庆节后不久，横行了十年的"四人帮"终于被粉碎。好消息传来，举国欢腾。在批判"四人帮"的日子里，余老师将"四人帮"的丑行，画成约二十幅漫画，由我配上打油诗，到市中心的长江路上展出，引来大批人观看。看到人们一边对着漫画指指点点，一边念着打油诗，真是开心极了。

批判四人帮运动刚刚告一段落，1977年3月，我们又接到新的任务。中央决定在当年7月召开全国"工业学大庆"会议，并举办全国学大庆成果展。铜陵有色金属公司机械总厂作为全国学大庆的先进单位，要进京参展。厂里决定将"厂七·二一工大"第一期学员在余老师的指导下设计的矿车轮加工组合机床作为成果参展。我们的任务是制作一套组合机床的仿真模型，经过两个月日日夜夜的苦干，终于完成了该项任务。算起来，从1976年夏天入学，到组合机床模型的制作，再到后来批判"四人帮"在安徽的代理人，差不多一年时间过去了，直到1977年夏天，总算可以坐下来不受太大干扰地学习了。

经历了十年动乱，中国百废待举，但我和余老师一样，对未来充满了希望。我们的共同信念是一定要加倍努力，把被耽误的时间再夺回来。余老师要教的东西、学员要学的东西都太多了，余老师更忙了。"厂七·二一工大"有近三分之一的课程是余老师上的。记得有"机械制图""机构原理""概率与统计""金属热处理"等。余老师甚至还教我们英语，因为大部分学员实在跟不上去，教了一段时间后，只好作罢。但是却给我以后到铜陵有色金属公司英语训练班学习做了铺垫。在"厂七·二一工大"，同学们无不惊叹余老师知识之全面，精力之过人，精神之崇高。只有努力地学，像海绵一样，把余老师教的知识吸收到自己的脑子里，变成自己的知识，才能对得起余老师的一片辛苦。我那时住在单身宿舍，几乎是把全部的时间和精力都用在学习上了，每天除了吃饭、睡觉就是在教室里听课、看书。星期天基本上也是泡在教室里。除了"厂七·二一工大"安排的课程，我还自学了高中的数理化课程，多多少少补回了一些被耽误了的中学阶段的学习。我努学习的精神也给余老师留下了很好的印象，在以后的岁月里，他一直把我看成可造之材加以提携，给我莫大的帮助。

时间真快，转眼又一年过去了。1978年9月，在"厂七·二一工大"的学习结束了。学员们都回到了原来的车间。我回到了机电车间，被安排到车间做技术工作，算是对我们这一段学习经历的认可。

随着国门的开放，人们仿佛突然意识到，外语是如此重要。很快，"厂七·二一

初心不改
中国案例教学研究开拓者余凯成

工大"的林贵章指导员和余老师被铜陵有色金属公司抽调去筹办英语训练班。英语训练班主要是为公司的工程技术人员恶补外语,以适应改革开放的需要,同时招收少量的青年职工学员。筹办工作一开始,余老师就找到我,要我准备参加考试。我很担心自己的基础不行,余老师鼓励我说:不难,就考广播英语第一册,不过只有一个月的时间,你要抓紧。我那时刚好也准备自己跟广播学英语,书已经买了。听老师这么一说,我赶紧挤时间把广播英语第一册从头到尾囫囵吞枣啃了一遍,强记了一些单词,就去参加考试。考试结果出来后,我居然被录取了。可我心里明白,是余老师知道我是个肯学的青年,在主持面试时放了我一马。记得面试时,余老师指着一幅墨水瓶的画问我:"What's this?"我本来想说"Ink",一着急,说成了"Kin"。余老师赶紧纠正:"Ink,this is an ink bottle."后来想想还脸红。

在英语训练班,余老师尽管还是那样忙,但精神更振奋了。十一届三中全会以后,中央决定为右派甄别平反。压在他头上20余年的不白之冤终于被推倒了。他的人生又绽放出夺目的光芒。余老师代的主课是科技英语,同时编写了一套情景话剧作为口语教材,还教我们唱英语歌曲。余老师的嗓音虽然不是很美,但韵味十足。像"I come from Alabama""The old black Joe"等,至今依然音犹在耳。

英语训练班结束后,我回到机械总厂,到厂培训科当了一名职工教师。那几年在余老师的教导下,加上自身的努力,我自认为至少掌握了大学专科机械制造专业的基本知识和技能,但在履历表中,我仍然只是一个初中生学历。于是我利用培训科的优势,开始利用工余时间系统学习安徽广播电视大学1980级机械专业的课程,并参加电大的考试。培训科的领导和同事们都非常支持我。在工作安排上,尽量做到方便我的学习和听课。铜陵电大想在机械总厂聘请一名机械制图的面授老师,培训科推荐了我。所以,在电大,我虽然是1980级的学生,却是1979级和1980级两届的老师。三年后我顺利拿到了大专文凭,厂里还为我提了干，我也成了家。一切都顺理成章，我也似乎会就这样稳稳当当地工作和生活下去。

与余老师分别了近四年以后，1984年1月，我收到了他的一封信，这封信给我平静的生活激起了激情的浪花，改变了我的一生。余老师在信中说，经中美两国政府议定，由大连工学院（现大连理工大学）和美国水牛城纽约大学合作举办的国家科技管理大连培训中心要办一个MBA项目。该项目从招生到课程安排，到学位要求，都按水牛城纽约大学的标准进行，毕业后由水牛城纽约大学授予MBA学位证书，只是把课堂从美国搬到中国来。这也是中国历史上第一批MBA学员。余老师鼓励我去报考。考试的项目是英语（TOEFL）、高等数学和政治。余老师还说，你的能力不成问题，就怕机械总厂或铜陵有色金属公司不让你考，只要让你报上名，就一定能考得上。读过余老师的信，我的心翻起了波澜。这真是一个难得的机遇，我决心搏一搏。妻子看了信也很支持我。那时女儿出世才半年多，家中又没有老人照顾，妻子既要上班又要照顾孩子，十分辛苦。但为了支持我备考，她不要我做家务，一个人把家中的一切都承担了起来。正在我进入状态的时候，2月份，余老师来信说，国家经委初步拟定的招生范围不包括安徽在内，我一下泄了气。只好把书本收起来，帮助妻子忙家务。3月份，余老师又来信了，告诉我国家经委调整了招生方案，将招生范围扩大为华东、华北、东北三大区，14个沿海城市加计划单列市，这样就把安徽划进来了。妻子一看信，忙说，你还是不要管家务了，赶紧背单词吧。于是我又把英语书捧起来，强记英语单词。哪知一个月后又出问题了。余老师来信说，中美两国在招生条件上产生了严重的分歧。那时中国招研究生，都有一个"同等学力可以报考"的条款，使许多像我这样因各种原因没能进大学本科学习的人有这样一个考试的机会。但美国不行。美国的大学招研究生，一定要是读了四年本科的毕业生。他们不但要看考生GRE或

初心不改
中国案例教学研究开拓者余凯成

GMAT 的成绩，还要看考生本科阶段的各科成绩，而且在很多情况下是以本科生成绩为主的。所以也就没有了"同等学力"这么一说。这样一来又把我卡住了。我想这次肯定是不行了，你要拿人家美国大学的 MBA 证书，但人家不同意你报考，你有什么办法！看看孩子那么小，妻子那么忙，我又一次放下了书本。转眼到了 5 月初，一天，我们忙完家务，和妻子聊天，妻子说，你还是把心放到考试上去吧，说不定哪天余老师又来信说你能去考了呢，你要是没准备怎么办。我迟疑地说，有那么巧的事吗？大概是说这话的第三天，我真收到了余老师的信。信中，余老师详细地告诉了我事情的经过。原来，这年 4 月下旬，美国总统里根访华时，到大连培训中心参观，余老师在陪同里根参观时，提出了和水牛城纽约大学在招生条件上的分歧。余老师说，中国和美国国情不同，在美国上大学是很正常，很普通的事。但在中国，由于"文化大革命"，大学十年都没有招生，许多年轻人因此失去了上大学的机会，但是他们中的许多人通过自学达到了大学的水平。你们美国最讲究公平竞争，也应该给这部分人一个公平竞争的机会。里根总统说：招生自主权属于美国大学中学术自由的范围，政府不能干预，但是，我可以将你们的意见转告给纽约大学。说起来，到底还是总统的话管用啊！纽约大学接到里根总统转达的意见后，做出了让步，表示可以招收不超过 10% 的同等学力学生，外加一句"从严掌握"。顺便说一下，按照这个意见，第一期 MBA 班只招了两名同等学力学生。我一个，还有一个是吉林长春的高培业同学。到大连后，我告诉高培业同学，余老师是如何为我们排除种种障碍，争取到考试资格的，高培业也十分感动。为了这来之不易的学习机会，为了不辜负余老师的一片苦心，我们都非常努力，用实际行动向美方证明了余老师所言不虚。有意思的是，到了第二期招生时，美国主动取消了对同等学力学生 10% 的限制，结果，第二期 40 名学员中，一下子招了 10 名同等学力学生，这是后话。信中，余老师还告诉我，8 月上旬就要考试，时间已经不多了，要抓紧准备。

这下，我们全家是又兴奋又紧张。为了让我能全身心地备考，妻子一狠心，将还不满两周岁的女儿送到乡下外婆家。我除了在厂培训科每天给我的工友学生们讲两节机械制图或中学物理课，其他事一概不管，一心一意地准备考试了。我知道，在英语（TOEFL）、高等数学和政治这三门考试中，高等数学我是有较大把握的，政治的内容太宽泛，无从准备，只能靠平时的积累了。唯有英语，既是弱项，又是最有潜力的。所以我把90%的时间都用在恶补英语上。

国家招生文件很快下来了，报名的时限很紧。我去找厂领导，要求报考。还好，虽然厂主要领导一开始有些犹豫，但在其他几位热心领导的支持下，厂党委在最后时刻同意了我的要求。我拿着报名表到有色金属公司人事部门办手续，给我办手续的人问我，你是哪个大学毕业的？我回答，是电大毕业的。那人斜着眼看了我半天，那眼神分明是在说，就你一个电大生，也想去考美国的MBA！我迎着他那怀疑的眼光，平静地说，还是要考的嘛，行不行，最终要看考试的成绩。他说，那也是。这才在报名表上盖上了大印。

一转眼，考试的时间到了，华东地区的考场设在上海外国语学院。从上海考试回来，我立即写信给余老师报告考试情况。我感觉高等数学还比较有把握，英语（TOEFL）和政治吃不准。我是第一次经历TOEFL这样的考试，题量大，根本没时间思考，聊以自慰的是，我好歹将题目做完了。政治更难说了，一共四道论述题，每一道题都可以写成一篇论文，感觉难度太大。没多久，余老师来信告诉了我考试的成绩：TOEFL480分，高等数学78分，政治45分。余老师说，英语和高等数学都过关了，可是政治分太低，有些玄乎。我想，不管结果怎么样，我都会感谢余老师为我所做的一切。那些日子，我一边上班，一边还在等最后的消息。9月初的一个星期日，我正在做着家务，邮递员来了，送来了我正盼望着的余老师的信。我来不及进屋，在大门口就拆开看了起来。信中说，这次的录取线，

初心不改
中国案例教学研究开拓者余凯成

原定是 TOEFL450 以上，高等数学和政治 60 分以上，但是大部分考生的政治分都比较低，按照这个分数线一排，一半学员还招不到，由于美方不同意降低英语和高等数学的标准，只好把政治分往下降，第一次降到 55 分，但还差很多，第二次一下又降了 10 分，到 45 分，我刚好能达线。余老师说："这样，你就脱颖而出，被录取了！"我一阵激动，在门口就高声喊了起来："考上啦！"

我们这一代人在文化上又被称为断裂的一代。在我们的前面有"文革"前的大学生，也有中学的老三届。在我们后面有高考恢复后的新生代天之骄子，而我们这一代则成了断层。国家对我们的最大希望就是能补上初中的文化课。所以在 20 世纪 80 年代，国有企业都有一个职工培训机构，就是为我们这一代人补课的。而我要算这不幸的一代人中比较幸运的一个了。因为我遇上了余凯成老师。是余老师给我树立了知识就是力量的榜样，使我即使在那视知识为粪土的荒唐岁月中依然保留着求学的欲望；是余老师用他的大爱和智慧为我扫平了求学路上的种种障碍，使我能顺利前行；是余老师倾注的大量心血，才使我这个在小学五年级就基本中断了学业的普通工人，一步一步走上了世界知名学府的殿堂，戴上了象征科学与文化的硕士帽。每念于此，感激之情便如潮涌心头，每念于此，一个心声便发自肺腑：师恩似海，毕生难忘！

十三、良师——寄给远方的凯成老师

杜天树

无竞维人，四方其训之。

有觉德行，四国顺之。

选自《诗经·大雅·抑》

意即求得贤人，四方听命。若贤人德行端正，人心归顺。在我心目中，凯成老师就是有觉德行的"维人"。

1980年五一前夕，铜陵有色金属公司第一届英语训练班圆满结束，卢庆康同学和我留班任教。为长远计，公司选派凯成老师和我去北京第二外语学院（曾任中国外交部部长的杨洁篪即毕业于该校）进修口语，王晓凌老师和卢庆康则去华东师大进修，时间三个月。

初心不改
中国案例教学研究开拓者余凯成

孝悌为先

五一刚过，凯成老师即带着我进京。那时慈祥的余伯母虽已过古稀之年，但面色红润，精神尚好，言谈中依然透出名门之后的魅力。见到两年未回京的幼子，母子俩的第一次"熊抱"令我羡慕、感叹不已。当时公司无法安排食宿，我只得先在东单三条凯成老师的家中叨扰一周。过了两天，我发现凯成老师从不在家上洗手间，总是步行150米去院外的"公共厕所"。我纳闷不已便问其究竟，老师笑着说，他母亲特讲卫生，因此从不"侵犯"她的"领地"。听到此，少不更事的我脸红了，因为我第一天刚入门便"误闯"了。

每天晚饭后，凯成老师必陪伯母看新闻联播，伯母轻轻地靠在凯成老师的肩上，不时用湖南家乡话议论一番，这幅幸福的画面至今仍然深深嵌在我的脑海中。

当时凯成兄长余日晖同志也刚调回北京，在新成立的北京工艺美术学院印刷系任总支书记，老哥俩好像总有说不完的话。对倩倩大嫂，凯成老师极为尊重。凯成老师的两个侄儿正值弱冠之年，每天也陪着奶奶、叔叔看新闻联播，"缠"着叔叔说东道西。看完新闻联播之后，凯成老师总和侄儿们交流一天的学习、工作，勉励他们奋发有为。

语惊四座

北京二外英语系四年级的口语课，一般每个上午两个学时（也有四个学时）。上课的是一位美国女士，四十岁左右，名字好像叫凯瑟琳（时间太久了，可能不准），举止大方。她上课基本不用教材，而是设立一个题目，鼓励全班同学自由发挥。

当我们出现在教室里，全班同学都向我们投来诧异的目光。是啊，我那时刚过而立之年，凯成老师已近"知天命"。

老师来了，组织全班同学向我们这两位旁听生表示了热烈的欢迎，随即言归正传。当天讨论的话题是"阿富汗战争"。这个话题我连用中文都说不出只言片语，更不要说用英文了，虽经老师多次引导，但课堂仍一片沉寂。凯瑟琳试探性点了凯成老师。他站了起来，先礼貌地向老师和全班同学表达了谢意。然后他用比较纯正的英式英语就这场战争的背景、双方实力、初期战果、下阶段预测侃侃而谈。连凯瑟琳也被吸引住了。全班同学都深深地被他折服了。在听课期间，凯成老师和我们讨论了"越柬战争"、改革开放、"四人帮"、洛阳旅游、文化差异等数不清的话题，很有趣，不久那位美国女士封凯成老师为全班的"一号学员"。

勤奋节俭

他的"勤奋节俭"在英训班早有耳闻，目睹后实使我自愧不如。

从东单三条至位于通县的北京第二外语学院，当时交通不便，转车多趟，单程约耗时 100 分钟。我们每天 6 点半从东单三条出发，早饭多为两个大饼或火烧。在来去二外的约三个小时车程里，无论站坐，凯成老师总手不释卷或喃喃自语，我知道他在"咀嚼"当天的功课。如下午无课，我们回到城里已近下午两点，午餐即一个面包加一碗（当时前门大碗茶的那种碗）啤酒，总计四毛钱。在东单三条借住的日子里，每晚与侄儿们做"功课"之后，便是凯成老师的"晚自习"时间，直至午夜。

心系培训

在京期间，如下午无课，我们进城并用过"液体面包"之后，凯成老师便领着我逛书店，东单书店、东四书店、西单书店、西四书店、四道口书店、前门书店、冶金书店等有影响的书店无一遗漏。王府井书店更是我们经常光顾之所，购买了

初心不改
中国案例教学研究开拓者余凯成

大量的字典、词典、教材、磁带（那时在国内光盘、DVD还见不到），返铜之前打包，竟有数十公斤。

在二外课间休息时，凯成老师专门与美国老师探讨企业英语培训，还专程去冶金出版社朋友处切磋培训之道。

"高山仰止，景行行止。"愿些许只言片语表达我对凯成老师的敬仰之情！

杜天树同志：

大学毕业后，分配到铜陵有色金属公司金口岭矿选车间任车间主任。为铜陵有色金属公司第一期英语训练班口语班学员，结业后，留校任教，再去北京第二外国语学院进修口语，后调至有色金属公司科技处，先后任副处长、处长以及有色金属公司总工和专业委员会副主任等职，2008年退休。

十四、在大连工作

朱舜卿

余凯成同志于1981年经国家经委介绍来大连工学院（现大连理工大学）工作。当时大连工学院承担着由中美两国政府合作举办的专门培养领导干部管理培训的"中国工业科技管理大连培训中心"的全部组织工作和培训工作，以及组建学校的管理学院，急需中方自己的教师队伍。在交流中，我才知道原来他是我中学阶段的学长（当时我们并不相识），也大致知道了他在来大连之前的坎坷经历。从而开始了三十多年的共事。

如何安排他的工作，如何发挥他的作用。起初安排他与学员一起听美国教授的授课，了解美方的培训内容与方法，并担任美方"组织行为学"课程的助教。经过一个轮次后，听取他个人的意愿。当时课程全部由美国教授讲授，特别缺少课堂口译，试探他能否担当此重任。他当即表示可以试试，并有信心能做好。就这样，我在底数不大的情况下，请他在1982年担任"组织行为学"课程的课堂口译。

初心不改
中国案例教学研究开拓者余凯成

谁知凭着他的勤奋刻苦（事先很好地了解并掌握课程的内容）及良好的中、英文功底，居然"一炮打响"。得到美方教授的好评和广大中方学员的称颂。从而奠定了他在管理学科方面开拓进取的基础。

在口译方面，除了"组织行为学"课程外，还担任"企业战略""生产管理"课程的口译。任务紧急时，甚至同期担任三门课程的口译。成为绝对主力，被誉为历史上的三大主力之一。在学科建设上，逐渐形成自己的专业方向——企业战略。结合中国的情况出版了自己的专著，联系其他两位教师，翻译了当时在国际管理学界颇具影响的美国教材"In Search of Excellence"，中文译名为《追求卓越》，由企业管理出版社出版，在企业界和高校影响很大。他还多次去美国开展学术交流和了解学科前沿，甚至受到美国企业家用私人飞机迎送的厚遇。在教学方法方面，他通过引进美国的案例教学法，在介绍、推广、普及案例教学法领域做了大量的工作，编写专著予以介绍，并受国家经委的委托，为各个管理院校举办了多期培训班。他组织教师和研究生编写中国自己的案例，还专门组织出版了《管理案例教学资料》，先后达10多期，交流各院校应用案例教学法的经验体会和自编的案例。访问美国期间，他走访了哈佛大学案例中心，并达成了相互交换案例和无偿使用哈佛案例的协议。这一系列的工作，使大连理工大学管理学院有条件建立起全国领先的管理案例中心。他也因此无愧地被称为推动案例教育的先驱。此后，被聘为国家培训中心的中方教务长。

在我的感觉中，在这段时间内，他的热情、执着、才智、高效，似乎在摆脱了历史不公正待遇的枷锁之后，得以充分地迸发出来。因此，他入了党，并在20世纪80年代后期，作为学科带头人，自然地被首批提职为教授，并享受国家特殊津贴。

正当焕发青春、事业如日中天的时候，2000年，他不幸得了脑溢血。当我傍晚赶到医院时，得知有两种治疗方案：一、保守疗法，至次日早晨九时再做最后决定；二、立即开颅清除淤血，但风险很大。在我难以决断之时，得益于请教同为中学校友的专家。判断为当时仍在继续溢血，不能拖延，要立即手术。这才救了他一条命。

历史上的不幸遭遇，耽误了他大半辈子。但他的后半辈子光彩夺目，足以弥补前半辈子的损失。历史的辩证法告诉我们，只有逆境时的不屈，才有顺利时的奋发。余凯成同志在大连这三十多年的实录就是最生动具体的说明。

十五、平安夜话圣诞曲

王岩

这个学期里，我们每周四晚举行一次读书会。而本周，学生们要求改到周五晚上的平安夜举行，我明白他们的意图，表示支持。

与去年不同，今年没有看到上面明令禁止圣诞节活动。本来中国人过这个节，纯粹就是图个热闹。同学们在群里讨论，今年平安夜正好在周末，正值紧张的期末考试，大家要放松一下，带些吃的喝的来，开心一聚。

在这样一个时间聚会，光吃光喝显然是不够的。我即兴想了一个分享的题目："西方文明中的圣诗圣咏及英语世界的圣诞歌曲"。

题目想得够大，我并没有时间认真准备。当天下午还开车去南海看了一家公司，回到学校已经快晚上9点了。本来想至少要挑几首经典的圣诞歌曲现场播放，仓促之中，也没有挑到最好的版本。

在 B9-509 的办公室里，十多位同学 8 点多就到了，带来了糖果、蛋糕、水果等，还有一瓶红酒。年轻人现在时兴在平安夜送苹果，因此也有好几个精致硕大的苹果摆在茶几上。我在 QQ 音乐上临时选了几首圣诞曲，用那对 10 年前的音箱接上蓝牙播放出来。

说起圣诞音乐，人们都会想起那首欢快的"Jingle Bell"（《铃儿响叮当》），再往下可能会是那首"Silent Night"（《平安夜》），当年所有学过英语、唱过英文歌的人，应该都会吧，老少咸宜，雅俗共赏。

而我选放的圣诞曲，则要更高级一点，或者说，有更浓厚的宗教色彩。圣诞节是基督教中的耶稣基督诞生日，而圣诞曲，本身就是由圣诗圣咏而来的。

我个人觉得较经典也较好听的，应该是"O Come, All Ye Faithful""Hark, the Harald Angels Sing""Joy to the World""Angel We Have Heard on Hight"这几首，今天的分享也从这里开始。现场效果并不算特别好，大家礼貌地听着，更喜欢边吃边喝，自由畅聊。

我想讲的内容部分来自我办公桌上放着的那本保罗·亨利·朗的《西方文明中的音乐》，厚厚的一大本，我最近会不时打开看上一段。

平安夜的晚上，我只是给学生们大致描述了一下。就我个人的体验而言，从书本与课堂上得到的关于音乐艺术等文化的灌输，远不如现实生活中那些特殊的人、特殊的场景，能给人留下那么深的烙印。

1984 年冬天的一个晚上，在大连工学院开阔的校园，我和两个同学顶着寒风，去西山宿舍区的余凯成老师家串门。在他狭小的书房里，余老师一边工作（手不停地在纸上一个字一字地写），一边在那台双卡磁带机上给我们放音乐，并给我

初心不改
中国案例教学研究开拓者余凯成

们耐心讲解。他就是有这种同时做好几件事的功夫！那时正值圣诞节将至，余老师放的是一盘圣诞曲，一个深沉的男中音，把每一首曲子都唱得很缓慢，很抒情，极为动人。

他一首一首地给我讲："O Come, All Ye Faithful" "Hark, the Harald Angels Sing" "Joy to the World" "Angel We Have Heard on Hight"，还有那首"Ave Maria"，即古诺的《圣母颂》。听着这些旋律，看着这些歌词，让人顿时有一种从世间凡尘中一下子进入宗教神圣殿堂的感觉。

到今天，我都非常清晰地记得那个磁性的嗓音和那些优美的旋律。我印象中，应该是 Andy Williams 吧？余老师（所有人都叫他 KC）给我开启了一片新的天地，我在这里才第一次听到了真正"高级"的圣诞音乐。

后来我知道，这些圣诞曲其实就是圣诗圣咏，是西方文化中深入每个人骨髓中的东西。

在后来学院的圣诞平安夜晚会上，Ms. Gordon、Caro Freeman、Sam Bruce 等美国老师站成一排唱圣诞歌，唱的是那首"The First Noel"。Gordon 摇头晃脑，全情投入，如痴如醉。

整个 80 年代，中国进入了一个快速融入世界的过程。学英文，穿西服，听西洋音乐，跳迪斯科舞，都在那时形成潮流。

回想此生，能在圣诞音乐方面有这种交流与共鸣的人，在余老师之后就再也没有遇到过。

至今，我还保留着从余老师那里翻录来的音乐磁带。

今晚的平安夜，当我把这些与学生们分享时，并不确定能在他们内心激起什么样的反应，能在脑海中留下多少记忆。但我知道，当年余老师在他生命中最好的那段时间里，以他不经意的言行，润物无声，影响久远。这也正是一个老师应该做的吧！

第二天是西方的圣诞节，当天晚上我开车行驶在深圳的街道上，寒潮降临，天空下着雨，潮湿阴冷，雨刮器不停地刮去车窗上的雨水，城市的灯光朦朦胧胧。我打开车上的音响，放起刚在 QQ 音乐上搜到的 Andy Williams 的圣诞夜现场演唱（那已经是很多年前的版本了吧），越听越像是余老师当年给我听的那个版本。舒缓的歌声中，余老师那微胖的身影，眼镜片后面明亮的眼睛，笑起来调皮地上翘着的嘴角，仿佛就在夜空中浮现。唱到高亢之处，"Come and behold Him, Born the King of Angels; O come, let us adore Him, O come, let us adore Him"。那个声音深沉的歌手，与整个乐队，男声女声童声，完美融合。空灵的旋律在夜晚回荡，让人感动。

此刻，深深怀念老师，怀念曾经的美好岁月。

十六、静夜星空忆吾师

王岩

2017年11月27日上午10时许，与小劲通话，确知余凯成老师在凌晨离去。

初冬的广州小谷围江洲岛，仍温暖如春。入夜，大学城校园微风和煦。呆坐冥想，直至午夜。走到阳台望去，校园中已万籁俱寂，天穹之上，星光微茫。一年多前到大连去看望卧床多年的余老师，从他偶尔睁开的眼睛中看出他知道我来，但已经完全不能说话。一个曾经无比丰沛的生命，已到了油枯灯尽之时，他的离去也是在意料之中的。最近诸事繁剧，身体欠佳，兼路途遥远，起初还不能确定能否赶去大连。到了午夜十二点半，还是坚决在网上买好翌日飞大连的航班，要去送老师最后一程。

那些你最终认为重要的事，是没有"下次"的。

人的一生中有很多良师益友。回想起来，能有一种特别亲近的师友情谊者，余凯成老师绝对是极其突出的一个。那种感觉，绵长温润，浸透着我的一生，已经成为我生命的一部分。

第一次见余老师，是1984年秋。我们MBA一班刚到大连工学院（简称"大工"），住进西山10舍，每天走到位于主席像广场旁边的中美管理培训中心上课。入学后马上进行了英语水平测试（Michigan Test），分为四个组，进入高强度的学习中。那天下午，教阅读与词汇的李阳春老师与我们几个同学正在培训中心楼前闲聊，从主楼方向走来一个中年人，穿着深蓝色的夹克，背着一个那时国内还很少见的双肩包，笑意盈盈，见到我们热情地招呼了一下，没多说几句，就匆匆进了楼里。李阳春老师对我们说："这位是余凯成老师"，然后点点头"Very Capable"。李老师本人就是有个性且强势的老师（后来我们多有领教），但他对余老师那种佩服，是发自内心的。余老师当时给我留下深刻印象的首先是他眼镜后面那双充满睿智与善意的眼睛，然后就是那鼓得圆圆的肚子，皮带已经到了肚脐下面。培训中心无论中方还是美方的人员，都叫他KC。

那一年，余老师五十二岁，我二十七岁，都是好年华。

同班的颜润身同学来自安徽铜陵，长期与余老师在铜陵有色金属公司机械总厂共事，在"厂七·二一工人大"时做过余老师的学生。我们从他那里听到了很多关于余老师的传奇故事：工商名门的显赫出身，1949年前上海交大的学生，50年代英武的空军航校教官，1957年悲惨的年轻右派。到农场劳改，到基层的工厂工作，最后辗转来到大连培训中心，他在所到岗位都做到了最优秀。多才多艺，与人为善，在社会底层有许多好朋友，等等。

余老师那时在大工校园外面的西山已经有了一个两房的家，颜润身与同屋的李勤民同学爱去他家玩。我有天晚上跟着他们去了一次，以后自己就常去了。余

初心不改
中国案例教学研究开拓者余凯成

老师语言能力超强,只要他生活过的地方,就能说一口当地方言。抗战期间,他曾经在重庆沙坪坝的南开中学读了三年初中,以后再见到我这个正宗重庆人时,马上就会转成讲重庆话。

余老师家那时还不宽敞,师母话少,两个女儿小劲小翔还在读中学。余老师总是一边与学生聊着闲话,一边在案头上不停地写着他的东西,两不耽误。多年后才体会到,大学老师永远有写不完的东西,但像余老师这样,能够自如地同时完成几项工作,还真不是一般人能行的。他的字圆熟温和,纸片上写得密密麻麻,无论字大字小,一笔不苟,连标点符号都清清楚楚,毫不马虎。

1984年秋到1985年春,我们的主要任务是强化英语,准备TOTEL考试,同时开始学习基础的管理课程,由中方老师授课。"概率统计"是一位戴眼镜姓杨的女老师用中文上,讲得非常清晰。"经济学"的张湛老师和"组织行为学"的余凯成老师,都是用英文上课。他俩与主持中心管理工作的朱舜卿老师都是当年上海"南模中学"的同学,英语是童子功。张老师一口标准的牛津音,学者风范。余老师的特色是讲课中不时随手用粉笔在黑板上画出生动有趣的漫画,让大家惊叹。

中国工业科技管理大连培训中心在宽阔的大工校园中属于中心地带,同时又相对独立。往来西山宿舍的路上,寒冬有松柏常青,金秋有落叶满地。中外师生之间,同学之间,那种亲密的氛围,至今回想起来,仍让人心中无比温暖。

余老师的书房里有一台挺不错的音响,周边堆满了各种磁带盒,有部分原版,更多是翻录的,盒上是他手写的乐曲目录。我算是业余音乐爱好者,各种风格的音乐都略有收集,但余老师那里的磁带内容总是会让我眼前一亮。我最喜欢的是他那一套圣诗吟咏,是一个深情的男声独唱的,不记得歌者的名字了,属于男中部，但在《圣母颂》这样的曲子中，他最后能达到一个很高很悠远的地方，极为动人。余老师那时和我都是无神论者，却都喜欢这样的宗教音乐。在这些磁带中，我学会了那些最广为传唱的圣诞歌曲，不仅是"Silent Night"，"Jingle Bell"这些流行曲，更有"O Come, All Ye Faithful"，"Hark, the Harald Angles Sing""The First Noel"这类当时中国人还不熟悉的hymn。那时还没有互联网，我从余老师那里找来歌词，对照磁带，逐字逐句学会并尽力背诵下来，有十多首吧。两年后在美国的一个小教堂里，当地的美国民众为我车祸重伤昏迷的同学祈祷时，我和他们一起吟唱。他们有点惊奇：那时刚从中国出来的学生，还很少有人会唱这些歌。至今，我还保留着这些从余老师那里翻录来的磁带。

在离开大工前，余老师让我去给他全家照相，在家中和校园中留下了他与家人的合影。余老师对家庭一直充满温情与责任感。

他曾经陆陆续续地讲过他感情上的过去，用的都是轻松甚至调侃的语气。但我可以想象，在1957年那个时候，那个照片上意气风发的25岁空军军官，被分配到边远的农场劳改，该是何等沉重的精神打击，何等巨大的现实落差！中国文学史上特有的"伤痕文学"时期，有大量的类似故事的描写，当年看过太多，但身边余老师这样鲜活的例子，仍让我深受震撼。

有一天晚上我们聊到这个话题时，他问我，有没有看过《春雪》这篇小说？当然看过！它曾经发表在1980年《十月》上，后被《小说月报》转载。我记得当时一口气读完，又马上翻回读了第二遍，深深被小说营造的场景感动，为其中主人公的悲情人生，唏嘘不已。小说架构精致，文笔优美，那种若有若无、若即若离的意境，一直让人不能忘怀。余老师说，我那时和我曾经的女朋友的经历，几乎就与小说中的情节一模一样。她在1957年与我分开后，多年不见，后来她

初心不改
中国案例教学研究开拓者余凯成

从文学杂志上看到《春雪》，立刻就认为这是我写的。她姓杨，《春雪》的作者叫余易木，易木，就是杨啊。

几乎就是一个完美的传说！但这竟然只是个巧合。余易木原名徐福堂，也出身于上海世家，与余老师经历颇为相似，但小了5岁，20岁时被分配到青海。《春雪》是他最出色的作品。但他最终没有像余老师那样重新走上人生的巅峰，而是客死在大西北。

今夜，余老师那饱经苦难却又至情至美的灵魂已经离开他的躯体在夜空中飘荡，此时他曾经魂萦梦绕的那位杨姓女士，又会在哪儿？她能有感应吗？在他们生命中最好的青春年华，是那个时代，让他们彼此错过。而今天，所有的激情与抱恨，都已随着时间，最终消散。

余老师是当年能走出人生低谷、终成大事的极少数。他家的祖上血脉追溯，据传是明代被明成祖朱棣灭族的江南大儒方孝孺家的一支，因劫后余生，从此改姓余。余老师的父亲余啸秋是中国近代化学工业先驱，与范旭东、侯德榜等同为天津永利化学公司创始人。我在北京曾经多次和余老师去过东单三条他哥哥家，那个挺大的四合院，就是当年侯德榜先生顺手送给余啸秋先生的。

余老师一生最富有光彩的是他的中年后期，也就是从他到大工的1981年，到中风倒下的2000年。整个80年代和90年代，他在专业领域的名气越来越大，直到被冠以国内"管理案例教学之父"，成为组织行为学科的带头人。

我离开大连后，去美国，返北京，到深圳，一路行来，都和余老师保持书信联系。1987年，他曾经给我寄来一张他手绘并加盖印章的卡片，并以繁体字写了祝福语。

1989年秋天，我到大连公干，专门抽空来大工校园。余老师和我在主楼广场合影，带我到他家里吃海鲜，看照片，听音乐。当时在他家还见到他的一位正经历情感挫折的学生。我那时已感觉到了他开始在学术上喷薄而发的气势。90年代，余老师频繁参加国外的各种学术活动，也数次来深圳。有一次他来我蛇口的办公室，我与另外一个同学在他面前说起时局，悲愤不禁，他尽力安慰我们。1994年，我有了较宽敞的房子，他来蛇口就住在我家。夜晚书房里暖黄色灯光下，他在桌前写字，或靠在床上看书，场景十分温馨。

2000年初我出国，后来几年与余老师没了联系。2004年10月，MBA一期同学为庆祝入学20周年再来大工校园重聚。听说余老师中风了,心情极其沉重。那天，余老师坐在轮椅上，和其他老师一起来参加了聚会。几年不见，他已经判若两人。一头微卷的头发变成了短短的平头，总是如春风般灿烂的笑容很少出现，说话也已经困难了。在发言时，他拿着话筒回忆起当年中美师生合作的那些情景，有点抱怨美国老师珠丽好久没有去看他。他语速缓慢，不时出现长时间的卡顿。旁边的珠丽忍不住落下泪来，为那些曾经的美好时光，也为英姿不再的KC。

随后的这些年中，每年都会与余老师通电话，但要隔一长段时间才有机会再看到他，他的状况也一次不如一次。2013年底，我来大连开会，海事大学的徐老师专门开车送我到余老师家，他已经基本不能起床，说话也很少了。我拉着他的手叫他，他看见我来，非常激动，嘴里却只能吐出一些零星的字句，无法成段说话了。那天是周日，家里只有一位男护工，师母去了教堂，平时照顾他最多的小翔前不久竟然也中风住院了。护工说，余老师每天大部分时间躺着，以前还听听收音机和音乐，现在睁开眼睛的时候，基本上就是看着天花板，一言不发。我简直难以想象，曾经有无数爱好和无穷精力的余老师，会如此度过他的晚年时光。

初心不改
中国案例教学研究开拓者余凯成

我不停地和他说话，讲我自己和我们同学的近况，他基本上只是听着。我问他：颜润身他们有没有来看过你呀？他挣了一下脖子，用重庆话大声说了两个字："没有！"我可以想象，当他静卧在床上时，过往的人生一定是像翻江倒海一般，时时出现在他眼前，但他已经很难再表达出来了。要告别时，同行的徐老师都不忍再看，先去楼下等我。余老师拉着我的手一直不放，眼眶中涌出泪水，嘴里却说不出话来。我知道，他对眼前的世界，对他的学生们，该是何等的不舍啊。

2016年是我们MBA一班毕业30周年。10月3日，我带着才让、宗延、胡晓钢几位同学再去看余老师，他已经基本上处于昏睡状态。我叫他，他微微睁开一点眼睛，认得出是我们来了，却无法再说哪怕一个字。那天的阳光甚好，我们每个人与他讲了一会儿话，再一起合影。那天师母、小劲、小翔都在家，她们说，这是看到他精神最好的时候了。告别时，我们都不知道还有没有下次。

在余老师最后离去前一个月，三班的陈钢去大连，从我这里要了余老师的电话去看他，回来跟我说，余老师已经完全没有知觉了。尽管这样，在得知他最终离去时，我依然悲不自胜。上天曾毫不吝惜地给了他这么出众的家世、这么超群的才能，却让他在晚年这么长的时间里，饱受煎熬，没能有一个从容优雅的告别！

11月29日清晨7点，在大顶山下的大连市殡仪馆举行告别仪式，大连理工大学管理学部（原管理学院）部长致悼词，"他作为中国管理案例教学的开拓者，为我国的管理教育事业作出了重大贡献。他的逝世是大连理工大学和管理学界的重大损失……"

我在来连的飞机上尝试为余老师撰写一副挽联，赶在告别仪式前发到了追思群里，匆匆之间，总感觉还不能准确地表达我内心的感受：

绝代天资，无常天命，今世悲欢焉无憾？

至亲师友，先行师宗，此般风雅复何寻？

这副挽联最后没能来得及挂出来。现场一个普通的花圈上只有一个简单的条幅：学生王岩。

余老师年轻时即好诗词，汇有《脱骨集》等。他在1978年曾翻译美国诗人亨利·沃兹沃斯·朗费罗的名篇《人生颂》（*Psalm of Life*)：

Life is real ! Life is earnest!

And the grave is not its goal ;

Dust thou art, to dust returnest,

Was not spoken of the soul.

生命诚真切，生命曾热烈。

子系土中来，终归土中去。

坟塚非其极，焉能任嘲谑。

余老师的翻译，传神而有其自己的风格。此译文也正是他一生的写照。

这样一个真切热烈的生命，终归结束，正如"子系土中来，终归土中去"。

而他的灵魂，将与我们同在。

余凯成

案例精选

初心不改
中国案例教学研究开拓者余凯成

一、大学篮球队高中锋

郭志超是一所省级工科大学的体育教师，今年 38 岁了。他过去在省体育学院篮球专业受过系统训练，毕业后被省军区体工队看上了。

在省军区篮球队打过好几年篮球，虽然不能算是最有名的球星吧，可也是那支球队里主力阵容中的一员骁将。

后来，年龄大起来，又从一线退下来，当了几年省军区男篮助理教练，所以，他在篮球界也算是一位久经沙场的老将了。

前年秋天，郭志超离开了部队转业来到了地方，马上就被这所大学招聘来担任体育教师了。

大郭对这个岗位是满意的，因为这所学校尽管不是全国的重点，但在这个城市里却是各所高等学校中的佼佼者，在各个方面都是拔尖的，在体育方面也是数一数二的。

初心不改
中国案例教学研究开拓者余凯成

可是，他的男子篮球队，这几年来，情况却有点不一样，大前年输给了师范学院，丢了一贯保持的高校冠军。

前年更糟，不仅输给了师范学院，还输给了医学院，落到了第三名，对此，校领导十分关切，急于要使校男子篮球队重振雄风。

所以，对郭志超这样一位经验丰富的高手的到来，当然极其欢迎，并且很快就正式任命他担任校男篮教练。郭教练知道自己是临危受命担子不轻，他很认真地对待这项工作。经过了近一年的努力，总算是有了一定的起色，去年，夺得了亚军，但还远远没有达到校领导和他自己的期望，他感到这个球队最大的弱点就是缺少一名素质好的高个子中锋。可是上哪去找这么一个人才呢？

前不久，他偶然碰到了在本市第三中学当体育老师的老同学王文涛，和他谈起这件让他操心的事。王老师提供了一条重要的信息，说他所在的那所学校高三·五班有个学生叫李可群，才十七岁，身高就达到一米八六了，而且身材匀称，反应灵活，很喜欢打篮球，还肯苦练，脑子也不错，可就是功课平平（也许是因为将很多时间花费在打球上了）。王老师邀请郭教练几时有空一起去看看小李。

今天，郭教练兴冲冲去第三中学找王老师要看看小李，还让小李运球上篮，做了好几种动作，他对小李非常满意，相信如果小李能加盟本校男篮，一定能大大加强球队实力，提高战绩。跟小李分手时，郭教练动员小李报考本校，告诉他按照惯例，他们学校对有体育特长的考生可以适当执行降低20分录取的政策，甚至可能为这名学生提供特别的助学金，小李很注意地听着，说他在报考的时候会考虑这一点的。

初心不改
中国案例教学研究开拓者余凯成

在送郭教练去公共汽车站时,王老师说刚才对小李说的那两点很重要,小李很想念大学,但一是怕考分不够高,二是他父母收入低,家庭负担比较重,只怕供不起他上学。就在郭教练要登车时,王老师又补充说了一个让他不放心的消息,前几天,听小李班主任说:"北京某所全国重点大学找小李,也是动员他报考的事,但确切的内容就不清楚了。"

当他回到自己教研室向同志们谈了去第三中学见小李的全部过程,大家都很关心,七嘴八舌地谈论起来,纷纷给郭教练出主意。

教田径的穆老师劝郭教练趁热打铁,赶紧给小李寄去一份带有学校公章的正式公函,确认他可以低于分数线的分数被录取的政策,以免口说无凭,有了文件可以让小李吃下一颗定心丸。

青年女体育教师小杨，主张郭教练尽快去小李家做一次家访，做做他父母的工作，小李才十七岁，还未成人，得靠爸妈给拿主意，他爸妈多半愿意儿子在当地升学，不要远走。顾虑无非是怕经济上负担不起，那我们就对症下药，请校领导批准，给小李优惠的助学金，不但免去他的学杂费，还提供其生活费，好让他父母放心，支持他来本校念书。

校足球队蔡老师认为，还得再去找小李谈谈，晓以利害，劝他无论如何都要坚持念大学，这对他的前途至关重要。

素来善于攻心、口才好的李老师对郭教练说："这种体育尖子一般总是有当体育明星的梦想，所以一定要告诉小李，上全国重点大学这种人才荟萃的地方，他这种运动员不一定能是突出的，能不能当上主力队员都很难说，但到我们这儿来就不一样了，大学一年级准能成为校主力队员，成为女生爱慕的焦点。宁为鸡头，不为牛后嘛！"

105

初心不改
中国案例教学研究开拓者余凯成

全组年龄最大,平时说话喜欢挖苦人,所以被人家叫作老刺头的石老师最后才吭声,他带着不屑的神情,阴阳怪气地说:"你们瞎起劲干啥,根本不用费心,小李肯定会来我们学校,不信请跟我打打赌。"

郭教练听了这么多意见,有点拿不定主意,不知道该听谁的意见好,这些意见里哪个最管用、最有效,哪条其次,你能帮他把这些意见按照有效性排列出来,并说明这种排列的依据吗?

二、第五冶金设计院

第五冶金设计院是一个大型综合设计单位,建院很早,兵强马壮,专门承包冶金系统各公司、厂、矿的大、中型项目设计,以一贯的高质量设计博得本行业的普遍赞扬和尊敬。

高级工程师马凯宁是该院现任第一设计主任,担任现职已有7年之久,业务能力强,管理经验也颇丰富,被视为本院骨干,前程不可限量。本室内的第七课题组由8名男工程师组成,他们共同在该组工作多年,彼此感情融洽,关系密切。

初心不改
中国案例教学研究开拓者余凯成

该组原组长数月前调升另一设计室副主任，组长一职暂告缺，目前先由组内资历最深的贾克洛工程师代理。

不久前，室内分配来一名新人苏黛薇，是刚从一所名牌工科大学毕业的研究生，是本院首批分来的硕士之一，年方26，出身高级知识分子家庭，朝气蓬勃，大方直爽。

老马派她到七组，立即参加了某矿山机修厂扩建工程的设计工作。同时参与这项任务的，还有同组的另三名工程师：代组长贾克洛（38岁，在本院已工作了15年）、萨本柱（40岁，来本院也有10年之久）和蓝狄承（32岁，来本院已8年）。

小苏初来乍到，但为能分到五院工作感到高兴。她很喜欢分配给她的设计任务，觉得担子虽不轻，但这是很好的锻炼机会，也是对她的器重，能充分运用她刚从学校学来的新知识，一展抱负。

她在工作中埋头苦干，全部身心都投到设计任务中。跟同组同事们的关系是友好的，不过无论上班时还是下班后，她很少跟他们有什么工作以外的非正式交往。

小苏对工作很认真，碰上困难问题，她会自动加班到深夜，查文献，翻资料，上计算机室，总要尽快搞个水落石出。因为她这样坚忍不拔，再加上基础扎实，所学的知识又新，所以总是比别的同事早好几天就完成了分派给她承担的那部分设计任务。她是闲不住的，总说："我有使不完的劲。"任务一完，就坐立不安，总是又去找马主任要新任务干。有时，她就问贾工、萨工或问蓝工，能不能把手头活分点给她，好帮他们加快进度，但每回都被断然拒绝。

初心不改
中国案例教学研究开拓者余凯成

她来工作了 5 个月后，有一回老贾来找马主任，说是谈谈组里的事。他们的对话如下：

马：有啥事？请坐下来谈谈。

贾：好，马主任。我本来不想打扰您，可组里好几位同志都非让我来找您谈谈小苏的事不可。小苏，苏黛薇，就是才来不久的那个什么硕士，她把咱组的全得罪遍了，总是一副狂妄自大、不可一世的样子，好像就她是"万能博士"，啥事都懂。我们可不爱跟这种人共事。

马：老贾，这我可有点不懂了。她干得很不错嘛，设计任务总是完成得很好，没出啥差错。布置的活全都干了，还要她咋的？

贾：可谁也没布置过要她搞乱组里的气氛啊？谁许她指手画脚来教导我们该怎么干活来的？我大小是代组长，也没这么干过。组里怨气挺大，再这样下去，我看全组的工作都要受影响。反正您看着办吧。

马：那好，我看就这样吧。下星期她就干满半年了，我正要找她谈一谈，给她讲评一下她这半年来的表现。我一定记住你刚才讲的，可我不敢保证你们说的她那种目空一切的态度能改得了。现在的年轻人，难哪！

贾：我们也没指望她马上全改，可是她当众去指点别人该这样干，那样干，真叫人受不了。人家还以为她是在那儿做什么高级报告，用上那么一大堆什么高阶高次多变量方程，全是吓唬人的废话，啥用？她最好收敛点，不然真有人要打报告调走了。

事后，老马把该怎么跟小苏谈，仔细地琢磨了一下。他知道，这老贾虽然说只是代组长，实际上他早就是大伙的"头"，这是代表组里其他人来谈的。

下周四下午，老马把小苏叫到自己办公室来了。下面一段话就是他俩谈话的后半段：

马：关于你这半年来的表现，还有一方面我得提醒你一下。我刚才已经说了，你在技术方面的工作，领导很满意，不过你跟组内其他同事的关系，可有点问题。

苏：我不明白，您这指的啥问题？

马：说具体点，你们设计组里有些人，对你这种"万事通"的态度，和总想告诉人家该怎么去干自己的活方面，很有些意见。你对人家得克制点，别公开评论人家的工作。这一组的工程师是挺强的，多年来的工作一直属于优秀的一类。我可不愿意你把他们搅得不能安心，影响工作质量。

初心不改
中国案例教学研究开拓者余凯成

苏：听我说几句行不行，主任？首先，我从来没公开批评过他们的工作，也没向您汇报过。起先，我把活干完了，总要求帮他们干一点，这本是好心嘛，是不是？可次次都叫我"少管闲事"，以后我就光埋头干自己的活了。"休管他人瓦上霜"嘛。

马：这对嘛！这我明白。

苏：您不明白的是，在这个组干上这几个月，我可看出来，他们明明在磨洋工嘛。这些工程师故意定一种很慢的工作节奏，远远低于他们的能力。哪能拼命干"四化"呀，明明是"力争下游"！他们感兴趣的是上班的时候老萨那个半导体放的音乐，谈足球比赛，商量着"谢天谢地又是礼拜天"了，该怎么一块去看电影，逛商店。尽谈那些庸俗不堪的香港爱情电视连续剧。我很遗憾，让我跟他们一块那样混日子，没门！我从家里到学校，可不是这样被教养的。还有一点，他们压根儿就没正眼瞧过我，以为我不过是个来破坏他们那个"快乐的俱乐部"的"黄毛丫头"什么的罢了。

马：你别胡说！给工程师们做鉴定，写评语，是领导的事。你的任务就是做好本职设计工作，别干扰人家干活。你要好好干下去，在这儿还是很有前途的。你只管你的技术活，管理方面是我的职责。

小苏离开办公室时，觉得很伤心，也挺寒心。她知道自己一直干得很不错，而那些工程师却远未发挥出他们的潜力。这是明摆着的嘛。她不知道该咋办，有点想哭，但马上忍住了，把头一抬，她又挺胸阔步朝设计室走去。

三、固定工资还是佣金制

白秦铭在大学时代成绩不算突出,老师和同学都不认为他是很有自信和抱负的学生。他的专业是日语,不知怎的毕业后被一家以化妆品制造和销售为主业的中日合资公司招为销售员了。小白对这岗位挺满意,不仅工资高,尤其令他喜欢的是这家公司给销售业务员发的是固定工资,而不是根据销售业绩提成的佣金制。他担心自己没受过这方面的训练,比不过别人,若拿佣金,比别人少了多丢脸。

刚上岗的头两年，小白虽然兢兢业业，但销售成绩只属一般。可是随着对业务的逐渐熟练，又跟那些零售商客户搞熟了，他的销售额渐渐上升了，工资也随着销售定额的提升而有所增长。到第三年年底，他已经是全公司几十名销售员中前几名了。下一年，根据与同事们接触，他估计自己当属销售员中的冠军了。不过这公司的政策是不公布每人的销售额，也不鼓励互相比较，所以他还不能很有把握说自己一定是坐上第一把交椅。

去年，小白干得特别出色。定额比前年提高了 15%，而且是 9 月初就完成了销售定额。他对同事们不露声色，也没发现什么迹象说明他们中有谁已接近完成自己的定额。10 月中旬时，日方销售经理召他去汇报工作。听完他用日语做的汇报后，经理对他格外客气，祝贺他已取得的成绩。在他要走时，那经理对他说："咱公司要再有几个像你一样棒的推销明星就好了。"小白微微一笑，没说什么，不过他心中思忖，这不意味着承认他在销售员队伍中出类拔萃，独占鳌头了吗？

初心不改
中国案例教学研究开拓者余凯成

今年，公司又把他的定额再提高了15%。尽管一开始不如去年顺手，但他仍是一马当先，比预计干得要好。他根据经验估计，10月中旬他准能完成自己的定额。不过他觉得自己心情不舒畅。最令他烦恼的事，莫过于公司不告诉大家各自干得好坏，没个反应。

他听说本市另两家也是中外合资的化妆品公司，都搞销售竞赛和嘉奖活动。

其中一家是总经理亲自请最佳销售员到大酒店吃一顿饭。

而且人家还有内部发行的公司小报，大家知道每人的销售情况，还表扬季度和年度最佳销售员。想到自己公司这套做法，他就特别恼火。其实，在开头他干得不怎么样时，他并不太关心排名第几的问题，如今他觉得这对他来说越来越重要了。不仅如此，他开始觉得公司对销售员实行固定工资制是不公平的，一家合资企业怎么也搞大锅饭啦？应该按劳付酬嘛。

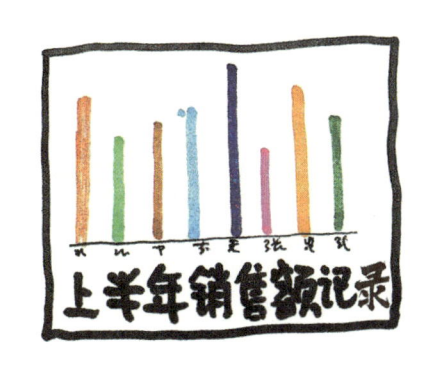

上星期，他主动去找了那位日方销售经理，谈了他的想法，建议改行佣金制，至少实行按成绩给奖金制。不料那日本上司说这是既定政策，而拒绝了他的建议，并说母公司一贯就是如此，这正是本公司的文化特色。

昨天，令公司经理吃惊的是，小白辞职而去，听说他被挖到竞争对手那儿去了。

四、红旗轻工设计院

红旗轻工设计院是一所历史较长的大型设计单位,拥有八百多名工程技术人员。该院二室第五课题组共有十位成员。组长张弛是位经验丰富的高级工程师,他手下还有三名高工和七名较年轻的工程师和助理工程师。张弛同志知识渊博,为人正派,深受组员们爱戴,大家对他都很敬服。这个组的工作一贯较好,也很团结。

不久前,老张同志被市里调到一家正在建设中的大企业负责引进设备的技术工作去了,五组组长一职暂告空缺,亟待填补。

组员们纷纷猜测，都相信新组长定在本组内部选拔。但究竟会看中哪一位呢？当然会是三位资深的高工之一了。

组内舆论普遍认为高工王韪希望最大。王工才45岁，是三人中最年轻的，符合"年轻化"要求。他不但能力强，而且很富有创新精神，设计工作一直很出色，所搞的项目中有两项曾获部颁优秀设计奖，加上英语流利，当组长是理想人选。

不过另一位高工李祖德的实力也不容忽视。李工今年47岁，业务能力平平，但和院长私交颇深。他们是同乡，又同时调来本院，过往密切，这一优势可能是决定性的。

初心不改
中国案例教学研究开拓者余凯成

大家认为第三位高工刘仰机会最小。此人已经50岁了，来本院工作已23年。业务能力不差，只是创造性欠缺点。此人四平八稳，从不与人争吵，有名的"老好人"。不过他对各级领导过于恭顺谦卑，叫干啥就干啥，引起有些人的非议。

好几天不见院里有动静。这期间三位高工干活都特别卖劲，对人也特别和气，而且都不动声色，从不参与谁会被提升的猜测和讨论。有人跟王工开玩笑说："老王该请大伙吃一顿，要升官啦。"王工谦逊地说："我有何德何能，配当组长？"眼中却闪着几分得意之色。

一周后，院里传来正式通知：刘工被任命为五组组长。这实在出乎人们预料，在组内引起震动。落选的王、李两位虽也面露微笑，但总觉不太自然。他们显然是不那么高兴的。

刘工当然喜形于色。他认为这不仅是运气好，而且是他一贯"听话""敬上"的态度所致。

过不几天，院长把刘工召去，布置给五组一项为内地某省设计一家中型造纸厂的任务。这厂地处穷乡僻壤，设备又全是国产的，显然属于一项没"油水"的苦差。

老刘思索良久，才去找老李，说："老李，院里下来这个项目，我看就你接了吧，反正你手头的任务马上就完了。"老李说："对不起，这活我可干不了。我手头这项目别看已经快扫尾了，还有不少问题，一时很难解决得了。你还是让老王去干吧。"老刘说："老王的项目正干到半截，他怎么能又接新活？"老李说："那就偏你老兄自己吧。您贵为组长，理当身为表率。你不去，谁去？"

老刘语塞，默默回到自己桌旁想："真倒霉，当了组长，头回布置任务就碰了钉子，下回咋办？我知道他们也想当组长，可这回提我，是院长选的。难道是我的不是？他们本该支持帮助我，现在反倒给我小鞋穿。咳，都怪我自己性格太懦弱，压不住他们气焰。这回我先干了，下回谁再敢顶我，哼，我可不会再客气，非给他点颜色看不可！"

初心不改
中国案例教学研究开拓者余凯成

把老刘顶跑了以后，老李也很气："想找我下手？没门！"但他最大的怨气是冲着院长来的！"一点不够朋友，多年交情了，节骨眼上不拉一把。怎么会挑上老刘的？这回我顶回去了，准得罪了他，下回还能给我好果子吃？总不能老顶啊。"他越想越气。吃罢中饭，他闯进院长室，没好气地说："喂，院长大人，这回您是怎么……"没等他说完，院长马上抬手让座，说："老李，来得正好，我正想找你呢。你先别火，听我讲清楚嘛。

你知道，谁都知道咱俩的交情，我要提你，这工作很难做。我挑了老刘，因为他听话，通过他可以给你帮忙嘛。""他帮我忙？"老李疑惑地问。院长耐心地继续说："我眼下手头有一项美差，是设计一家大型造纸厂，重要设备全由美国引进。接办这项目，起码有两次去美国的机会。我这就向老刘布置，让他把这项目分给你干。"老李马上笑逐颜开道："好，够交情。不愧是院长，老谋深算。"一腔怨气早化为由衷感激了。

几天后，组长老刘把李工召去，问："你手头项目进展得怎样？"老李忙答："快了，明天大约就能结束。""怎么？上星期你还说问题多得很嘛。"老刘不无讥讽地大声问道。老李颇为尴尬，搓着手，说："我全解决了。"于是老刘进一步提高音量，故意吸引全组的注意，说："这里来了个新项目，设备主要从美国引进。一开始和项目中期各有一次去美国出差的机会。这可是咱组从来没有过的肥差，能捞回一台彩电，外加一架录相机。老李，你想干吗？"老李有点窘，说："我想。"

全组都全神贯注地听着，这时不禁哗然。老王第一个大步跨过来，双臂撑在老刘的桌上，气势汹汹地厉声问道："为什么不让我接这项目？我最有资格。我设计的项目两次都得过部优奖；我的英语流利，出国不用翻译，省了外汇。"老刘却不紧不慢地说："哎呀，这可难办了。分配给李工干，可是院长的旨意。"老王说："分配任务是组长的职权范围，院长也不能越级插手。你应当行使你的职权。"老刘双手一摊，嘴角带着一丝冷笑，说："我这组长还谈得上啥职权？我布置的任务谁都能顶回来，院长的批示我还敢违抗？"老王气得微微发抖，他咬咬嘴唇，狠狠地说："好，你走着瞧！"转身拂袖而去，门砰一声被带上。接连多日，王工告病没来上班。

初心不改
中国案例教学研究开拓者余凯成

待到王工再来上班时，他已判若两人，尤其在两方面与以前截然不同：一方面，一反过去高效率和泼辣的作风，他经常迟到早退。到班之后，一杯清茶，几张报纸，先悠哉地读上个把小时，然后开始学习英语，一学就是一上午，还常常带上一台微型录音机。另一方面，又一反过去孤芳自赏，目空一切的态度，对组内同事特别友好、热情，唯刘、李二工例外。他经常耐心地、无保留地把自己多年设计实践中积累的宝贵经验和诀窍传授给那些青年同事，甚至不惜以自己素来视为寸金难买的大好光阴去跟他们闲聊，从人生哲学到影坛轶事，从海外奇闻到改革形势。他的渊博、幽默，使青年们大为倾倒。王工甚至主动向组内一位曾被他斥为"低能"的助工诚恳道歉，令那青年受宠若惊。

王工宣扬最多的是学习英语的重要性。他说："掌握了英语，受用无穷：能使你阅读外文书刊，掌握最新技术信息，有助于专业能力的提高。对青年人来说，英语比专业也许更重要，因为可能使你出国深造。此外，学习英语本身就极为有趣。你可以听懂外国电台的节目，看外国小说和电影，跟外国人交谈，交朋友。"他不但自己躬亲实践，而且慷慨地辅导大家学。一股"英语热"席卷五组。

这当然严重影响组内设计任务的进度和质量，使组长刘工深为忧虑。一天，他走到一位正在专心读"英语900句"的助工桌前，制止他道："工作时间不能学英语，要学业余时间学。这里又不是英语强化训练班。"那青年反驳道："又不是我一个人上班念英语，干吗专找我茬？是看我年轻好欺负不成？"王工俨然以青年保护者自居，立刻走过来说："对青年人要爱护嘛，为啥要打击他学习的积极性？学英语跟提高专业水平密切相关，不能那么机械地看问题嘛。我看对小陈学英语不但不该批评相反还该表扬才是。对不对？"他转向全组，他的话引起热烈掌声和欢呼。刘工气得说不出话。王工则得意扬扬地说："当然，全天学英语也不好。咱们以后半天工作，半天学习，订成制度，自觉遵守，也就难给人抓辫子了。好不好？"又是一阵掌声和欢呼。王工的形象更高大，组长的话，从此更没人听了。

李工在美国待了个把月，满载而归了；参加了谈判，参观了有关工厂，眼界大开；又带回一台"日立"牌高级录相机。他头天来上班，兴致勃勃，急于向同事们炫耀见闻和他的录相机。他大声亲切招呼全组，说："咳，你们大伙儿都好哇。在外边待上一个月，可真想你们哪！"不料他的热情并未引起相应的热烈反应，只有二三位青年助工不冷不热地说了一声："呵，李工，您回来啦。"然后仍埋头干自己的事去了。李工被兜头泼了一盆冷水，觉得不大对劲。心想：他们这是怎么回事？害"红眼病"，嫉妒我出国呗。等他们冷静下来再说。

125

初心不改
中国案例教学研究开拓者余凯成

于是他向组长刘工介绍了他此行的详细情况，最后说："老刘，你得至少派三个人协助我。这项目的头一个阶段就要突击出几十张图纸，下月初就得完成上交。"刘工以无可奈何的表情说："这可不易呀。这样吧，你自己挑，挑中的我全同意。"于是李工逐个找每位同志商量。可每人都以这样、那样的借口婉拒，没人愿意跟他合作。他只好又来找刘工："老刘，你是组长，派三个人协助我吧。"刘工于是随意指定了三名助工，交代他们道："明天起，你们仨配合李工搞设计，就这么定了。"

第二天，那三个人全没来，都托人递来了假条。李工气得暴跳如雷，大声吼道："他们怎么能这样？无非嫉妒我出了趟国。设计不能按期搞完，可不能怪我。老刘，你是组长，你要承担全部责任。"

刘工苦笑一下，没吭声。其实他也挺矛盾：老李受抵制，他是略感一点舒坦。自从当上这个组长，头痛的事接连不断。他怀疑自己不是当"头头"的料。开始也真想当好这个组长，还花业余时间去规划全组工作计划和青年组员培养工作。见鬼去吧，什么计划，白费劲。以前自己太傻、太老实了。以后可得用好权。

不久，五组又受领一项有出国考察机会的设计任务。这回刘工谁也没告诉，当仁不让，悄悄地自己一个人接了下来。坐在飞往欧洲的飞机上，他想："这回这组长总算没白当。我才不管人家怎么说呢。我如今算看透了，自己不照顾自己，鬼才会想到你。"

赴欧归来，刘工发现全组上班时干啥事的都有：聊天、看报、念英语、听录音机，可就没人干活。但这些如今他都不再操心了，他感兴趣的是他刚从国外带回来的20寸彩电了。

院长终于发现五组这种极不正常的情况。他召集全组开会，撤了刘工组长的职，任命王工继任组长。刘工为此一点不觉沮丧，反而如释重负。王工则不但拒绝出任组长，反而递上辞职申请书，去一家乡镇企业另谋高就了。听说他一个月实际收入可达一千元，也不知道这传闻是真是假。

请分析这个组的上述现象是怎样发生的？有哪些因素影响了这些人物的态度与行为？还请评价一下院长及组长刘工的领导风格和方式。你若是他们，将怎样干？为什么？事到如今，该怎样补救？最好能把你掌握的行为学理论应用到分析中去。

五、贾厂长的难题

贾炳灿同志是 1984 年调任上海液压件三厂厂长的。他原是上海高压油泵厂厂长，治厂有方，使该厂连获"行业排头兵"与"优秀企业"称号，已是颇有名望的管理干部了。这次是他主动向局里请求，调到问题较多的液压件三厂来的。局里对他能迅速改变厂里的落后面貌寄予厚望。

贾厂长到任不久，就发现原有厂纪厂规确有不少不尽合理之处，需要改革。但他觉得先要找到一个能引起震动的突破口，并能改得公平合理，令人信服。

他终于选中了一条。原来厂里规定，本厂干部和职工，凡上班迟到者一律扣当月奖金1元，贾厂长认为应当从取消这条厂规下手改革。

有的干部提醒他，莫轻举妄动，此禁一开，纪律松弛，不可收拾；又说别的厂还设有考勤钟，迟到一次扣10元，而且是累进式罚款，第二次罚20元，第三次罚30元。我厂才扣1元，算个啥？

他觉得这规定貌似公允，其实不然。因为干部们发现自己可能赶不及了，便先去局里或公司兜一圈再来厂，有个堂而皇之的因公晚来借口免于受罚，工人则无借口可依。但厂里400来人，近半数是女工，孩子妈，家务既多，早上还要送孩子上学或入园，有的甚至得抱孩子来厂入托。

本厂未建家属宿舍，职工散住全市各地，远的途中要换乘一两趟车；还有人住在浦东，要摆渡上班。碰上塞车、停渡，尤其雨、雪、大雾，尽管提前很早出门，仍难免迟到。他们想迁来工厂附近，无处可迁；要调往住处附近的工厂，很难成功，女工更难办。

初心不改
中国案例教学研究开拓者余凯成

贾厂长斟酌再三，这条一定得改，因为1元钱虽少，工人觉得不公、不服、气不顺，就影响到工作的积极性。于是在三月末召开的全厂职工大会上，他正式宣布，从4月1日起，工人迟到不再扣奖金，并说明了理由。这项政策的确引起了全厂轰动，职工们报以热烈掌声。

不过贾厂长又补充道："迟到不扣奖金，是因为常有客观原因。但早退则不可原谅，因为责在自己，理应重罚；所以凡未到点而提前洗澡、吃饭者，要扣半年奖金！"这有时等于几个月的工资啊。贾厂长觉得这条补充规定跟前面取消原规定同样公平合理，但工人们却反应冷淡。

新厂规颁布不久，发现有 7 名女工提前 2~3 分钟去洗澡。人事科请示怎么办，贾厂长断然说道："照厂规扣他们半年奖金，这才能令行禁止嘛。"于是处分的告示贴出来。

次日中午，贾厂长偶过厂门，遇上了受罚女工之一的小郭，问她道："罚了你，服气不？"小郭不理而疾走，老贾追上几步，又问。小郭悻悻然扭头道："有什么服不服？还不是你厂长说了算！"她一边离去一边喃喃地说："你厂长大人可曾上女澡堂去看过那儿像啥样子？"

初心不改
中国案例教学研究开拓者余凯成

贾厂长默然。他想："我是男的，怎么会去女澡堂？"但当天下午趁澡堂还没开放，跟总务科科长老陈和工会主席老梁一块去看了一趟女澡堂。原来这澡堂低矮狭小，破旧阴暗，一共才设有12个淋浴喷头，其中还有3个不太好用。贾厂长想，全厂194名女工，分两班的话每班也有近百人，淋一次要排多久？下了小夜班洗完澡，到家该几点啦？第二天早上还有家务活要干呢。她们对早退受罚不服，是有道理的。看来这条厂规制定时，对这些有关情况欠了解……

下一步怎么办？处分布告已经公布了，难道又收回不成？厂长新到任制定的厂规，马上又取消或更改，不等于厂长公开认错，以后还有啥威信？私下悄悄撤销对她们的处分，以后这一条厂规就此不了了之，行不？

贾厂长皱起了眉头。

六、凯冶特种金属公司

凯冶特种金属公司（简称凯冶公司）的前身是专为国防工业提供特种钢材的六七三厂，该厂是 20 世纪 60 年代建设"三线"时由上海迁到"三线"来的。六七三厂原来一直按国家指令计划生产，不过问营销。80 年代改革之风吹到了内地，国防订货逐年减少，市场因素显现出来，六七三厂不但要考虑转产民品，而且得考虑如何靠自己的力量来应对市场的竞争，要去主动推销，争取用户。

1986 年，六七三厂所在地区的冶金局采取了重大改革措施，将六七三厂与本地区的几家同行小厂合并，成立了凯冶公司，将这个典型的生产型企业改为市场营销导向型的企业，以增强该企业的市场竞争能力。公司领导班子也做了调整，唐牧从另一个大型钢铁厂经营副厂长的岗位上调任本公司总经理。这时公司的规模已达 15000 余人了。

初心不改
中国案例教学研究开拓者余凯成

  特种金属与普通钢不同，对它的冶炼技术也与炼普通碳钢和低合金钢有别。特种钢具有一定的特殊性能，如非磁性、高磁性、特殊条件下抗某类介质腐蚀和特殊机械性能，是为某种特别的要求而专门冶炼的，因此，具有批量小、品种多、要求高、成本贵、工艺复杂等特点。特种钢的订货是以公斤计算的，而不是以吨为单位，尽管有时订货也有逾1吨的。这与普通钢材动辄以1吨、10吨甚至100吨计量很不相同。

  特种钢的冶炼不用平炉和转炉，主要用电弧炉，小批量的特种钢甚至用高频感应坩锅炉冶炼。由于合金成分高，品种又多，特种钢冶炼工艺很难标准化。与其说它的冶炼是一门科学，毋宁说在很大程度上是一门艺术，例如，添加少量昂贵的合金材料时，操作者的经验和手艺就十分关键，全靠现场酌情处理，稍一失当，便会报废全炉钢水，这种诀窍往往很难口授言传。这样，在丰富实践经验中掌握了此种诀窍的工程师和技术工人，就特别可贵。没有他们，即使有了先进设备、精密的物化分析，掌握了所需材料的精确成分，也不一定炼出合格的产品来。

  除了冶炼，还有轧制、滚压等后续工艺，也都比普通钢材难处理得多。

公司总经理唐牧，现年59岁，他20世纪50年代毕业于东北工学院黑色冶炼系，一直在钢铁厂工作，从车间到科室都干过，是一位有经验的冶金工程师。他聪明好学，肯干，对新事物敏感，在工作中逐渐显示出管理才能，所以"文革"后期从技术岗位调到管理岗位，直到升任经营副厂长前，他已在多种职能部门工作过，成为一个比较全面的管理人才。尤其是1985年他到成都企业管理培训中心受训，听过加拿大专家讲授先进的管理理论，对市场营销学、企业战略学这类过去从未接触过的领域特别感兴趣，深入钻研，并结合自己的行业特点认真考虑如何应用。他结业时所写的一篇学习心得，曾得到中、加双方教师的一致好评。

受训归来不久，他就受命担任凯冶公司的总经理。受成都培训的启发，他敏感地意识到产品经济向商品经济转化是必然趋势，因此特别强调营销的重要性。

他坚持在班子中设置一位专门负责营销的副总经理，并且聘请在冶金进出口公司工作过多年的刘禹德来担任此职，随着国家指令计划逐年降低，本行业中的竞争日益激烈，刘禹德和他负责的销售系统在竞争中显示出了越来越大的威力，强有力的营销活动使公司在市场占有率上居领先地位。刘禹德利用他的经验与知识，亲自培训其部下，使本公司的推销队伍远优于一些惯于产品经济的同行。刘禹德还凭借他在进出口公司工作多年所结下的广泛关系，将本公司的产品成功地推到了国际市场，使国外订货量逐年增多。

初心不改
中国案例教学研究开拓者余凯成

负责生产的是一个很有能力的生产技术专家赖文刚,他任公司生产副总经理已有好几年了,对公司的发展做出了很大的贡献。近年来,他一直努力更新设备,改造技术,使生产流程现代化。

为了加强产品开发,公司在成立时从一个金属材料研究所"挖来"一位高级研究员艾昌伦,担任研究与开发的副总经理。艾昌伦很有研究才能,来公司不几年就开发出了好些新产品,但他除了埋头研究外,似乎对其他方面的工作不感兴趣。

罗勉是领导班子中的另一位成员,是原六二三厂的副厂长,现任公司分管人事、财务和后勤的常务副总经理。一是因为他在本厂工作多年,熟悉情况,又有一定的工作能力;二是因为他比其他副总经理年轻,只有45岁。唐牧任命他为常务副总经理,本带有培养和传帮带的意图,希望他能在自己退休后顺利接班。虽然身居要职,但罗勉因为资历较浅,对班子中的同事并不敢以上级自居,对几位资深的副总经理更是毕恭毕敬,公司里不少人认为他有些软弱和优柔寡断。

在总经理办公室里，唐牧还有一位助理乔奕，他来自公司的营销部门。公司有这样一个传统，即让有发展前途的中层管理人员担任一年的高层管理人员的助理，然后回到本部门担任高一级的职务。在过去一段时期里，这些人都来自销售部门。

公司目前存在的问题相当一部分与生产副总经理赖文刚有关。大家普遍注意到赖文刚与本部门的人员相处不太好，与其他部门也有矛盾，特别是销售部门。

赖文刚在生产部门里不大授权给下级，事必躬亲，任何决定都由他一人做出，要是谁自行做出了什么决定，就可能受到他的批评。因此，一到上班时间，生产部门的人员就会接二连三地来到赖文刚的办公室，向他请示报告或提出各种问题。有时，他因时间太紧而抽不开身，也让下属自己动手干，但他仍要随时过问一些细节。在生产调度和工作顺序的安排上，他常常越级指挥，直接插手基层，向工长和班组长下指示，又不跟车间主任预先通气。他的这种做法显然会影响其他管理人员的工作，使他们掌握情况不够，职权受到削弱。尽管他们中有些人很有能力，但不能充分发挥作用。

初心不改
中国案例教学研究开拓者余凯成

更为严重的问题是他与销售部门之间的关系。刘禹德是一位精明能干和富有创造精神的干部，他领导的销售部门像一部运转良好的机器，全体人员都保持着较高的积极性。不过，销售部门要从生产部门那里取得可靠的生产信息却相当困难，如某批订货的交货日期，或某种产品现在正处于生产过程的哪一阶段，等等。

除常规订货外，销售部门常常会收到一些临时订单。一般而言，销售部门也能够将这些订货插入生产流程，但是他们很难知道这对常规订货的生产会有什么影响，赖文刚不让生产部门的人给销售部门提供任何信息，哪怕是最日常性的工作情况，因为他认为两个部门间的协调工作只能通过他与刘禹德来进行。由于生产部门的决策和信息都集中在最高层，所以生产部门的人员想了解生产情况，就只能去问销售部门的最高负责人刘禹德。可是刘禹德也有困难，他为了解生产安排和生产进度，常常要浪费很多的时间打电话询问赖文刚。

公司每周举行一次领导班子碰头会，通常由副总经理以上的管理人员参加，有时也让一些中层干部参加。在会上，刘禹德总要不断地向赖文刚打听是否能如期完成这种或那种产品。赖文刚则总是回答"有可能"，无论再怎样追问，他也不会给出更确切一点的估计，甚至连总经理唐牧也很难让他提供更精确的预测。

这样，销售部门感到难以制订销售计划，而生产部门则有时到期不能交货，碰到这种情形，赖文刚也愿意拼命干，并让生产部门加班加点，可这些努力往往收效甚微。

尽管生产部门的人员对赖文刚独断专行的做法颇有意见，但仍然服从他的领导，他们佩服他的能力和经验，而且知道他在竭力抵制销售部门的压力，不让他们随时插入临时订货单，改变生产安排，打乱既定节奏，同时不让他们因生产部门的拒绝而将责任推卸给生产部门。

该部门的一名人员说："在我们公司，成绩好像都是销售部门的，而过错却全推在生产部门，在公司上周举行的年度总结会上，总经理对销售部门赞不绝口，对生产部门却只字不提，这公平吗？"这几年来的公司年度记录确实是这样记载的，经营较好的年头就是市场营销做得好，经营较差的年头就是设备出了故障或机器过于陈旧，等等。

赖文刚在公司里没有什么私人交往，他常常比别人早上班，晚下班，他的言谈有时太直率，不大注意别人的情面，他对文体活动也没有兴趣，在公司举办的职工舞会上他从未露过面，不少人认为他应该随和些。

初心不改
中国案例教学研究开拓者余凯成

在谈到赖文刚时，总经理说："这个生产部门的头头真叫人担心，他好像不知道该怎样对待其他人，也不懂得授权，大事小事一把抓，连碰到了麻烦也不告诉我们，不知他是怎么把产品弄出来的？他把自己的部门和下属封锁起来，不允许哪怕是非常简单的交流。这两年来，他似乎变得越来越固执，真不明白怎么回事。"

大约一年前，总经理向赖文刚提出让他去参加两周脱产的领导培训班，可赖文刚断然拒绝了。过了几个月，总经理在高层管理会议上宣布，他已做了安排让全体部门负责人都轮流去参加一个管理学院举办的为期四天的领导技能训练班。开始，大家并没有十分认真地对待这件事，但目睹了一位接一位的干部从训练班回来后的变化，他们改变了看法，对这种训练给予了很高的评价，认为这种培训使人受益匪浅。赖文刚被安排最后一个去参加四天的培训，但是他在临去前最后一分钟取消了计划，提出生产上问题太多，没办法脱身。

其他几位副总经理对赖文刚借口不参加培训很有意见，他们私下来见总经理，提议召开高层管理会议来讨论赖文刚的问题，认为生产部门与营销部门之间的矛盾已经蔓延到其他部门，使管理人员的工作积极性大受影响。

总经理唐牧对此有些迟疑，他说赖文刚的性格急躁，公开提出意见可能使问题变得更僵。常务副总经理罗勉也不太积极，他知道赖文刚并不承认他的权威，因此不愿与赖文刚发生公开的对抗。

但是，后来发生的一件事打消了总经理的顾虑，这关系到一家老客户的一批A型特种钢的紧急订货，由于生产安排在轧钢车间做了大幅度改变，加上一些关键设备又出了故障，导致这家客户的订货不能按期交出。这家客户因急用这批钢材曾多次来厂催货，并扬言要根据合同向公司索赔。

唐牧立即召开了高层人员的紧急会议，一些与此事有关的中层干部也出席了会议，如：人事科科长尚建勋，他对生产部门和销售部门中、下层人员之间的纠纷很了解。

轧钢车间主任皮荣生，生产正是在他的部门受阻的。

初心不改
中国案例教学研究开拓者余凯成

A型特种钢销售科科长郝森林，这家客户的订货正是他负责的。

在会上，大家对此事的根根底底进行了追究，两位生产部门的人认为责任在销售部门，因为销售部门根据个别工长提供的不全面的信息而采取了不正规的做法，插入了这些临时性订货，打乱了生产安排，最终导致无法按期交货。助理乔奕知道郝森林确实是在没有通过销售副总经理与生产部门核实的情况下，向客户做出了供货保证。

但是，销售副总经理刘禹德替郝森林辩解说："他没错，因为我不可能为了搞清楚生产进度而把时间全花在给赖文刚打电话上。如果郝森林不可能通过正式渠道获得生产情况，他当然只得自己去向生产部门有关人员打听并据此接受订货。"

赖文刚对销售部门的这种做法深感不满，他大发了一通脾气后，陷入了深深的沉默，只是偶尔简单地回答几个直接问题，轧钢车间主任和A型特种钢材的销售科科长继续互相指责，人事科科长尚建勋知道他们俩人早已相互有意见，于是尽可能居中调解。

研究与开发副总经理艾昌伦对公司的问题忧心忡忡，他说："在过去一段时间，我常常听到生产部门和销售部门之间的这种相互抱怨，而且近来变得越来越糟。毛病似乎出在我们这个班子里，我觉得大家应该彻底反省一下相互之间的关系。表面上看，问题的产生是由于生产安排的改变，但我认为真正的原因在于人，在于上层管理人员没有齐心协力。赖文刚和刘禹德都有能力，工作也都非常努力，可为什么还是会出问题？"

他说完之后又是一片沉寂。你能否用你的分析和建议来帮助他们摆脱困境？

初心不改
中国案例教学研究开拓者余凯成

七、柳江锡合金厂

柳江锡合金厂是一家中型国营有色金属企业，设有五个车间，其主要冶金任务在第二车间进行，所以第二车间是关键性部门。

这个车间原来的主任曾昭健是一位工人出身、从基层干起的老干部，经验丰富，责任心强。但如今已年过半百，车间繁重的工作已使他有点力不从心。厂领导研究后，决定把老曾调任厂质量检验科科长，破格提拔年方 25 岁、大学毕业才近 4 年的助理工程师王兰涛继任主任。

王兰涛是"文革"后最早考入大学的一批青年之一，在一所工科大学受过长达 4 年的正规冶金专业训练，1982 年毕业分配来本厂。当时厂内正出现技术力量断层的困境，求才若渴，拟把他派到第二车间办公室，参与基层管理工作，但他婉谢了，坚持下第一线跟班劳动。

领导同意后，他就跟工人打成一片，关系密切，被工人亲切地称为"我们的技术员"。

他不仅参加劳动，还很注意观察与思考，记录和积累了大量原始工艺数据，并和工人一道研讨改进工艺和生产的方法。

他还组织了质量小组活动，这个质量小组甚至被评为"全国优秀质量小组"。

初心不改
中国案例教学研究开拓者余凯成

这次荣任主任，他成了全厂最年轻的中层干部，虽因领导赏识，也与其他工人拥戴、支持有关。有的工人闻讯后，拍着他的肩膀道："恭喜啦，小王，这下子要瞧你露一手了。"小王微笑不答。

小王心里当然能感受到上下殷殷厚望的分量。他知道如今面对的不仅是技术问题，还有管理问题，尽管他自修过一些管理书籍，但真刀真枪地来实践，终究还是头一遭。他知道"首战务求胜"的重要，但得找到要害下手，才能收到改变面貌之效。毕竟出身于工技人员，他的着眼点还是首先放在技术方面。

第二车间共有三个工段。第一工段负责粗炼，生产的粗锡供第二工段做原料；第二工段经过精炼，脱去粗锡中的铜、铁等杂质而炼成精锡，再供给第三工段的后续工序炼制锡合金。如今第一、二工段间总是库存过多，而第三工段则总感觉精锡供应脱节，前胀后缺，瓶颈显然在第二工段。

第二工段共设五台电热精炼熔炉，通常为两班制作业，视忙、闲偶改三班或一班作业。负责一台炉的一个班次的工人构成了一个作业班，设正、副班长各一个，率领 8 ~ 10 名工人，负责 8 小时一个班内的精炼操作。班长们接受正、副工段长的领导。第二工段青工多，占总人数的 70%。

精锡的精炼流程由五道工序组成：第一道把来料加热到 650 C°，使其熔化为锡液，然后喷水降温并进行初次捞渣操作；第二道则继续降温至 430 C°并加硫除铜，把沉淀下来的含铜废渣捞去；第三道再升温到 540 C°，加铝以脱去铁质，捞净残渣；第四道是混入氯化铵以使残铝成渣捞去；最后一道再以螺旋除渣机排净残铝以结束精炼过程，获得纯净的锡锭，送往第三工段。

第二工段原有的工艺特点是单炉连续作业，即上述五道工序依次在同一座熔炉中完成，操作这台加热炉的班长和此班的全体工人，要对整个流程及其产出（包括产量、质量、能耗、原料消耗等）负责。这种安排使各班（各台熔炉）之间保持着平行的、并联的关系，因为各班独立操作。

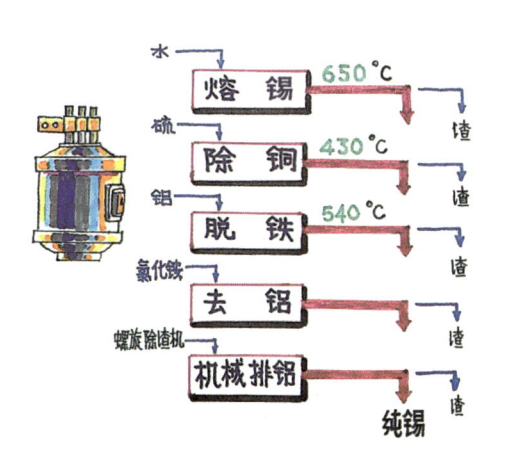

这种做法从建厂之初就历来如此，沿袭至今，似乎大家习以为常，相安无事，可是第二工段卡住了全车间，使流通不畅，总是事实。

初心不改
中国案例教学研究开拓者余凯成

小王琢磨，原有工艺流程的安排方式主要有两个特点：

一是每个工人都需是多面手，能掌握全流程中每一工序的操作诀窍，而这是一种技术，需要长期实践经验的积累，非一夕之功。例如，凭视力观察锡液表面颜色来判断温度，根据临场情况适当调整各种渣剂的配比，判断捞渣的彻底性等。所以个人技巧多样与经验丰富很关键。

二是各班之间不搭界，班际关系单纯。但同一班组内的人际关系却相当复杂，因为班长会分配给每人不同的任务，容易引起纠纷。

经过慎重考虑，小王构思出一种大胆的改革方案：把单炉连续流程改为全工段连续流程，即让每台熔炉只承担一个单一的精炼工序，而将各炉间的关系由并联和平行改为串联与衔接。这种新构想的特点也有两个：一是要求密切的班组交往与协调；二是每个班和每个人只需要掌握某一特定工艺的操作方法。这不仅较易实现，而且使责任易于明确，效果与进程易于测控。

小王把这主意写成书面报告，呈交给厂领导，并做了口头解释，请求批准施行。

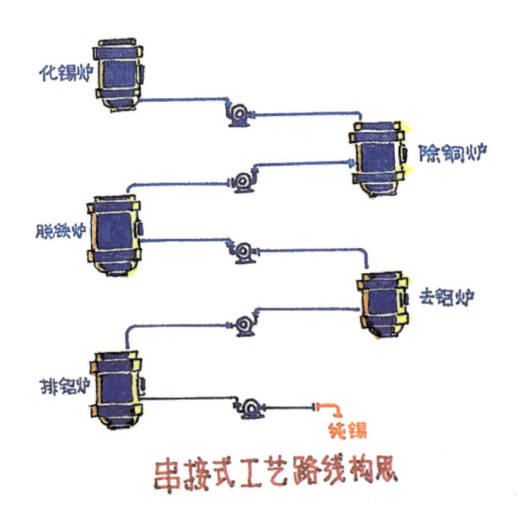

串接式工艺路线构思

5天以后，厂长主持了全体班子成员及所有中层干部参加的会议，专门审查了小王的改革方案。小王先报告了他的构思后，大家展开热烈的讨论，众口一词地支持这项改革，并肯定方案的可行性。

只是在散会时，前第二车间主任、现任质检科曾科长微笑着对小王说："小王，你的设想和闯劲是好的，可是我在第二车间干过20多年，也不是没试过改革，却都碰了钉子。要谨慎些，考虑得尽量全面些。干去吧！"

得到领导和中层干部的支持，小王很受鼓舞，但他知道这项改革直接涉及的是第二工段的工人，没有他们的认可与支持，这项改革搞不成。

他马上召集第二工段全体基层干部参加会议，介绍了他的改革设想并诚恳地征询意见。

初心不改
中国案例教学研究开拓者余凯成

他话音刚落，50岁的工段长魏连富就涨红着脸站起来，大声说："主任，我不赞成你搞的这套新花样！我知道，你新官上任想放三把火，可火不能这么个放法。咱工段这么干已经快40年了，大家都习惯和适应了，关系也理顺了，这么一搅和，不就什么都乱套了吗？"

45岁的副工段长，外号"精仔"的蒋朝福补充说："主任，你还年轻，爱出新点子，这我理解；可是总太莽撞，考虑问题不够全面。我承认咱工段如今生产是不太理想，有点拖了全车间的后腿，但原来的工艺方案还是有潜力可挖的。问题是厂里一个劲向下压生产任务，我们人手不足，所以要紧的是要有更多的熟练工人，那就可以开足三班，不就行了吗？再说，咱厂房还有富余，厂里投资再装一两台炉子，配上工人，也能解决问题。所以关键是给我们增加熟练工。你那么一搞，各炉之间需要精密的配合，工段也得有严密的计划和平衡，这一套我可不会。真照你那套搞，我干不了，你只能另请高明了。"

33岁的四班班长杨维民发话了:"喂,'精仔'别用乌纱帽吓唬人,我赞成王主任这办法。要知道老办法工段长多轻松,只要上传下达,给车间当传声筒就行了,真担子都压到我们班长头上来。我们既要负责全流程的控制和管理,又得亲自带头操作,累得要命,还两头受气。新办法责任分摊,合理负担。我举双手拥护!"一些人便争吵起来,但更多的是不吭声或交头接耳。

只有一班班长嘟哝了一句:"这法子听上去不错,可谁知道真干起来效果咋样呢?没把握。"会议就这么草草结束了。

当晚,小王正在宿舍里考虑着基层干部中不同态度背后的原因时,听见有人敲门。开门一看,是第二工段的两位老师傅,老詹和老毛,都是50岁以上的人了。小王把他们请进屋来,让了座。

初心不改
中国案例教学研究开拓者余凯成

詹师傅先开口："小王主任，我们来和你谈谈老工人的心里话。工段生产上不去，你急，我们也急。你想改进现状，这我们完全理解。可是你为啥要彻底打乱原来的规矩呢？你可以向厂里要炉子，要人嘛！新工人没经验，技术不高，可是我们可以手把手地教他们，指点他们，提高也很快的。我们保证耐心、负责、不留一手。问题是如今有的小青年懒，不懂还不肯学。我们年轻时哪像这样子。这方面你得多教育他们。"

毛师傅接着说："还有一点，你那套新办法也可能有麻烦。你想过没？一台炉子里的锡水炼完，得泵到另一台炉子里去做下一道处理；万一泵出了毛病咋办？你这就像好些蚂蚱绑成一串，一个牵一个。你敢保证哪个环节不出毛病？一个卡了壳，整条流程就断了。你年轻，得多听听我们有经验的老工人的话。以前曾主任在这儿也想过搞什么改革，到底没改成，因为我们老工人不支持。'不听老人言，祸出在眼前'嘛！"

谈完了,小王恭敬地送他们出门,说感谢他们的善意劝告,一定好好考虑。送走他们后,小王觉得有必要了解一下全工段工人的态度。

第二天,他把第二工段老的和年轻的工人全招到一块儿,进行了摸底。他把改革设想以及它的必要性、重要性和可行性都谈了之后,请赞成的举手。

出乎意料的是,竟没有一个人举手!老师傅们默默抽着烟或搓着手,青工们或面面相觑或斜睨一下老师傅们的脸色,全默不作声。

初心不改
中国案例教学研究开拓者余凯成

小王有点沮丧。他想：难道所有工人都不同意改吗？他把正好碰上的两个青工小丁和小蔡叫到车间办公室来。

小丁一进门就说："主任，青年工人绝大多数是支持你的主意的。他们说王主任年轻，最理解我们青工。按照这个新办法，每人只管一道工序，容易学会技术，还可以深入钻研。"

小王笑道："那刚才会上你们咋全当哑巴？"

小蔡说："老师傅们不让啊，我们不好不听。"

小王又问："你们看老师傅们为啥不赞成？"

小蔡答道："这不明摆着吗？老师傅们干了几十年，全练成了多面手，哪一道工序都会。你这么一改，他们别的那几手都用不上了。再说，光管一段，我们青工比较快地掌握了，不就跟他们平起平坐，说话分量也差不多了吗？"

小丁补充道:"过去他们吃香,不仅什么都得听他们的,而且每回奖金都是他们拿大头,评先进也总是以他们为主。这优势一丢,不心疼吗?"

小蔡说:"咱班上的崔师傅,就是大家管他叫'鬼头'的那个,昨天下班时还说,'小王嘴上没毛,办事不牢,就爱搞乱七八糟的新名堂,想逞能,拿咱工段做试验,我可不爱当试验品,要是失败了,咱工段的脸就丢大了。'我顶了他一句,'不是怕工段丢脸,是怕你老崔头脸没处搁吧?'他气得呵我一顿。"说得大家都笑了。

送走那两名青工,小王想:"我本来以为这不过是一项纯技术性的改动,没想到牵扯到这么多方面,还怪复杂的。可不能太性急了,得做工作,顺着毛摸。还要多摸摸情况,多听听意见,然后再想办法做通这工作。性急吃不了热豆腐嘛!"他又开始乐观和自信起来了。

八、青田乳胶制品公司

青田乳胶制品公司（简称青田公司）位于广东一个沿海城市郊区的青田镇上，成立于1978年。本来只是一个集体所有制的小厂，只生产橡胶圈这种单一产品。规模虽然小，盈利却不少，渐渐地，规模扩大起来，后来变成了市轻工局下面的一家地方国营企业。在改革开放初期，它又成了本市岭南实业集团公司旗下所属的37家企业之一，现在已经拥有大约2 200万元固定资产和363名职工。这个企业一共设有6个车间、3个科室，占地大约2.4公顷，可以说是初具规模了。

这个企业的一个突出特点是一贯地重视网罗人才，建设起一支强有力的技术队伍，是其重要目标。20世纪80年代初，华南改革开放起步，身在外省市的广东籍人想调回故乡，青田公司以优越于内陆的待遇招贤纳士，确实一下子拉起一支很像样的人马。除了有十来名是通过电视大学、函授大学、业大短训班和自学成才的，掌握一定的专业技术但还没有正式资历的人，光是有正式职称的工程技术人员就达16名之多，其中还有4位是高级工程师。对于一个才300多人的小公司来说，这个阵容就相当可观了，也是全集团公司的佼佼者。

1986年，集团公司制订了一个雄心勃勃的战略发展计划，选中了青田公司作为全集团的重点投资扩建对象。首先购进了两条国产的生产线：一条是年产250万米医药用乳胶管生产线；另外一条是年产80万副乳胶手套的生产线。两条线的技术都不算复杂，这个时候该厂因为投产快，迅速就形成了生产能力，有了效益。

初心不改
中国案例教学研究开拓者余凯成

这两条线的引进，虽然让青田公司吃到了一些甜头，但它的效益终究是很有限的。集团公司说要不惜工本，支持其用大手笔物色一种营利潜力很大的产品。经过调查研究，青田公司终于找到了衬绒家用手套这种产品，这种乳胶手套里面植有短的绒毛，戴上去手感特别舒适，在国外家务劳动中使用很广泛，需求量很大，因为这是家庭劳动中，经常用来保护手部皮肤不受各种强力洗涤剂侵蚀的一个很必要的工具。他们预料到随着我国人民生活的迅速改善，强力洗涤剂将大量进入我们普通居民家庭生活，那么咱们中国人要保护手上皮肤也会成为必需，这个产品定会在国内抢手。经过分析，集团公司决定以巨额资本来买回先进设备，投资制造，力争在两年之内收回全部投资。

1987年冬天，经过介绍，青田公司和英国的德维尔公司接触。对方声称其生产的菊花牌衬绒乳胶手套生产线，采用了当代最新的技术——全电脑控制。青田公司方面是首次涉外洽谈，对国外的情况很不了解，也没有涉外经验。于是在前期准备不足，底细还不明了的情况下，就贸然签了约，以120万美元的高价，买了一条菊花牌衬绒乳胶手套生产线。英国方面答应说，1988年初设备就能运到，并且派专家前来指导安装调试，四个月之内就能达到设计标准，即可正式投产了。

不料，好事多磨，事情并不像原来想象得那么简单。英方先以国际汇率大幅变动，他们因此蒙受了巨大损失作为理由，拖延交货。因为英方原来要求以英镑支付，而我们没有英镑，只能用美元支付。最后，他们以英镑和美元的汇率发生变化，造成损失为由，要求补偿10万美元。这个完全属于节外生枝，经过交涉，10万美元给了英国公司。

这样拖下去，到啥时候生产线才能投产呢？青田公司的总经理叫陆奇为，他是1989年调到这个岗位上来的。他学历并不是很高，中专毕业，过去是学机电的，多年以来一直搞管理工作，在企业管理方面的经验是相当丰富的，当年才42岁，年富力强。

在公司下这么大本钱的项目上，就盼着这个项目见效的时候能派他担任这个重任。不过陆总知道，要达成愿望，谈何容易。这两年他真是煞费苦心，要不怎么两年以前他满头青丝，现在已经须发斑白了呢？然而公司一直在亏损，1990年亏了25万多元，去年一年亏了19万元，今年预计能有所好转，但还是不能扭亏为盈。陆总读着公司的财务报告，心里考虑着亏损的原因，他觉得原因千条万条，关键是公司里相当强大的工程技术人员的潜力还没有充分发挥出来。这帮人心眼儿多，摸不准，难对付。围绕这个衬绒乳胶手套生产线攻关的事儿来说吧，可以算是这方面的一个典型事例。

初心不改
中国案例教学研究开拓者余凯成

　　这条投资上百万美元的生产线，因为英方的一再借故拖延，全部设备一直到 1991 年 11 月才运到青田公司。在第六车间的安装现场，英方派来指导安装调试的两位外籍专家也同时到达。按照预期，这条生产线应该在下一年的 3 月就能够调试完成，转入正式生产。

　　陆总对于中方参加这个安装调试工作的班子人选是非常慎重的。这些人需要能协助和配合外国专家的工作，给他们提供各种便利，但更重要的是要通过这个阶段工作，从外国专家那学到他们的技术诀窍，熟悉这套设备，好在外国专家走了以后能够正式负责这条生产线的日常运转和维修工作。为了组成这个精悍善战的小分队，陆总和公司的其他几位领导反复推敲，他们没有选择 4 位高工中的任何一位，这是因为他们不是年事已高，就是体弱多病，再不就是专长不在设备调试和维修方面。最后他们点的主将，是中年的设备工程师彭拓江。彭工 48 岁，学历不算高，只有中专程度，上海人，1960 年在上海一所工业中专学校毕业以后，被分到河南一个大型的橡胶轮胎厂工作，一干就是 20 多年，搞的正是橡胶设备的安装调试和维修。这个人脑子灵，又肯苦干，爱钻研，手还巧，不仅精通机械，对于电气自动化这套玩意儿也学得相当熟练，是一位经验丰富的多面手。

他本来想调回上海去，可是没调成，太难了！后来看到青田公司的招聘启事就来应聘。公司领导发现他是一个难得的人才，能干又肯干，尽管他的原籍不是广东，调来师出无名，阻力也比较大，但还是下了很大力气把他全家都迁到这个城市来落户，还给他爱人分配了合适的工作，又给他分了一套三室一厅的房子，条件远远比他在河南时住的老房子要好。所以，彭工对公司是很感激的，工作也安心。这回让他来带队出征是再合适不过了，不过他当然有不足的一面：一是他不懂外语，没法跟外国专家交流对话；二是这个人心直口快，说话很随便，有时候影响不太好。

陆总选中的另外一位中年工程师叫陈浩嘉，42岁，是老五届工科大学毕业的。基础是不错的，"文革"期间下过基层劳动了几年。这个人缺点就是工作不太主动，能选中他主要是他的英语好。

陆总还挑了两名青年助工来搭配班子，一名叫郭贝曾，是省轻工学院橡塑机械专业毕业的，28岁。这个小伙子英语流利，可以在这个小组当一个专业翻译。

初心不改
中国案例教学研究开拓者余凯成

另外一名叫韩刚，才 23 岁，是两年以前刚从华南工学院的橡胶专业毕业分配来的。小韩这人性格内向，不大爱说话，但是干活儿踏实，英语虽然比不上小郭，但也能说一点儿吧，这回他是主动找陆总请战的。陆总又给小组配了两名维修工人，这个班子人马就搭配齐了。

没想到这个生产线的安装调试工作相当不顺利，老出毛病。到这个时候他们才知道，这条生产线其实是刚刚从图纸上面转变成实物样机的。设计师是想着尽量实现现代化，所以采用了很多种尖端技术，但没经过实践检验。现在真刀真枪一试，设计时考虑不周或者失误的地方就一起露了馅，破绽百出。例如，关键部件之一的电烘箱，怎么调试都没法稳定地达到设计温度。对手套的质量影响很大的卷边设备运行中也很不正常，成功率常常连 10% 都达不到。还有那个洗磨机干脆就动不了。类似问题真是不胜枚举。很多问题显然就是原来设计上先天不足，要解决就得动"大手术"。这两位外国专家不能说是不卖力气，可是即使他们使尽浑身解数，也不见效，眼瞅着，四个月的期限就到了。

英国老板带上一位印度籍的工程师，亲自从英国赶来支援。他们也穿上工作服，下来跟着干。三个月又过去了，可还是漏洞百出，顾此失彼，简直是穷于对付。

到6月初，有一位英方的澳大利亚籍专家先借故开溜走了。到了7月初，英国老板本人也自认黔驴技穷，耸肩摊手，产品的合格率只有10%~20%。发黏、脱毛、透色、缺卷边等，类似毛病比比皆是。英国老板叫苦说："哎呀，调试费用因大大超出了预算，不堪负担，只好先暂时撤离。"我方严正指出，设备质量问题，责任全部在英方，单方面决定撤走，更是违约行为。我方有权坚持要他们留下来，直到设备运转正常，兑现诺言为止，否则英方应该负法律责任。至于没有按照合同规定如期投产所造成的损失，我方保留索赔的权利。可是，那个英国老板摆出一副苦相说，对此十分遗憾，实在是出乎意料。再拖下去就得破产，希望我方本着谅解精神，追加10万美元再共同努力，使设备完善，等等。于是交涉出现僵局，那个洋老板就死皮赖脸在7月24日把他的人马全部撤走，留下了一个尖端的烂摊子。

初心不改
中国案例教学研究开拓者余凯成

公司班子开会讨论，要是再加上 10 万美元就真正能解决问题，那倒也罢了，可是有把握办得到吗？如果像这样旷日持久地拖下去，还要追加费用，岂不是填不满的无底洞。我们单位人才济济，何不自力更生，应当相信和依靠咱们自己的工程师，于是班子决定，赶紧组建一个精悍得力的攻关小分队，自己来干。

陆总先把原来调试组里中方的彭、陈、郭、韩四位找来。征求他们意见，彭工说："这些英国人，其实肚子里的东西并不多，还瞧不起咱们中国人，对我们提出的合理建议总是不屑一顾。他们又擦不干净自己整的烂污，咱们自己来干，这几个月下来，我已经看出了一些门道，我就不信咱们不如这些外国人！"可是陈工却说自己现在身体不好，太累了，请求另换高明。小韩就说了一句话，坚决跟彭工干下去。小郭半晌也没吭声，最后才说，让我再想想吧。

会后彭工对陆总说，老陈上次接受这个任务就很勉强。他曾私下说过，咱们成天泡在鬼机器边上好苦啊，你看人家坐在有空调的办公室里，喝茶抽烟，聊天看报，何等轻松愉快。咱们就算干好了，能有啥好处，这鬼玩意儿毛病这么多，啥时候能搞得好？要是咱们啃不下来，那些甩大袖子的人还会说风凉话，说咱没本事。

所以彭工对陆总说强扭的瓜不甜，老陈他不愿意干就拉倒吧，让他回去。至于小郭，他整天抱着本托福书，一心一意要出国，哪有心思干这活儿？我看，就让我跟小韩两个人干吧，我俩心齐，配合得好。

陆总跟班子一起研究，觉得只让他们两个人去攻关，力量太单薄一点，总要搞一个高工来挂帅坐镇才好。他们逐一考虑了公司的四位高工，觉得现在情况下，唯一可以当攻关组组长的只有岳琦了。岳琦是四年以前从西南边远地区的一家橡胶研究所调来的，54岁，他受过良好的教育。他平常穿着很整齐、很讲究，谈吐很文雅，气度不凡，外语更是顶呱呱的。陆总要人请来了岳工，谈了领导的意图。

初心不改
中国案例教学研究开拓者余凯成

岳工听了以后说，这是对方英国人的责任嘛，他们必须对这个事儿负责到底。咱们自己去弄，并没有多大把握，毕竟里面还是有不少尖端的东西，搞得好那没说的，但是搞得不好，对方反而要加害于我们，说是我们给搞坏了，甚至还可能会告我们侵犯他们的专有技术。如果咱们不动它呢，那就是我们占理，我们可以去告他，陆总，你就派我到英国去跟那帮洋鬼子打一次官司，我保证能胜诉。陆总解释说，班子研究过这种可能性，可是我们对于国际的法律诉讼又不熟悉，打官司也没啥把握，何况费用还那么高，要是久拖不决，设备又闲置在这儿，那吃亏的还不是咱们。公司领导考虑你有学问、有经验，就由你来把控，让老彭去当你副手。他这人手艺好，实际功夫也强，再加上一个小韩，他钻研肯干，你们再带上几位维修的强手，准能行！经过再三劝说，岳工才算答应先试试再说。

攻关组干了才两周不到，岳工就到陆总这来告状。抱怨说，陆总啊，这活没法干！英国人留下那个烂摊子，一团乱麻，简直就没法下手。我看还是要让英国人自己来收拾好，解铃还须系铃人嘛！陆总又对他安抚鼓励了再三，他才又说，过去我在研究所，干什么项目都是我独当一面，我自个儿说了算，现在你又派了个老彭来，他说是我的副手，但很多事都自作主张，已然以第一把手自居，我可没办法跟他搭档。

说完就走了,陆总又找了彭工来了解情况。彭工说:"陆总啊,不是我瞧不起他老岳,他这个人,要在实验室里头倒腾倒腾试管仪器什么的,也许还在行。可是在机器边上动手实干,可是个真正的外行,还想拿什么组长架子。你也瞧见他那身穿戴吧,那是到咱们车间来工作的吗?再说,他如今身为高工功成名就,怎么还会真下功夫拼呢?我看您还是请他回到办公室去当上层人物吧。陆总,请你信任我,就让我带着小韩去干吧。我敢立下军令状,不搞出点名堂,我老彭头不会来见你。"陆总又找了小韩问,小韩说我一个小字辈儿的,还能说啥?他们全是我的师父、前辈。我自认啥也不懂,领导给我这次机会去跟着学,那就是对我的信任和栽培,我很感激,您就让我跟着彭工上一次火线去吧,我保证不怕苦,不怕累。

于是陆总决定,就让彭工领着攻关组去拼搏了,而他们也动真格的了。有时候,白班晚班连轴转,三班不下火线,实在累了,就在机器边上的席子上倒上一会儿,醒了又干,饿了就啃几口面包,渴了就喝几口水。

初心不改
中国案例教学研究开拓者余凯成

六个星期下来，烘箱升温不准的毛病解决了；卷不起边的问题也基本上排除了；洗磨机也运转起来了；产品的合格率一步一步地上升着。六个星期以后，达到60%多一点儿。虽然还没有能达到正常的80%指标，但总是一个大进展、大突破吧，而且无论怎么说，这也是咱们中国人自己动手干的。

公司领导班子研究这回必须奖励攻关组，要好好鼓励他们再接再厉。于是，班子决定给彭工、小韩两个人各发奖金600元，其余的攻关组组员各发奖金400元。陆总觉得这600元少了一点。但是再多倒不是出不起，也不是舍不得，而是怕别人不服气。

果然，很快就听到了各种怪话。干了这么点儿小事儿就给600元，难道我就没干活儿吗？咋一元钱也不给我？

有的说，不是没有达到人家要求的指标吗？那为什么就发奖金啦？还有人说，还不是人家英国专家干得差不多了，他们攻关组赶上了，伸手摘的桃子，这算啥功劳？

更有人说，领导是没叫我去干，要不然我会干得比他们更好，如此等等。甚至连集团公司的领导也打电话来了解情况，说明准是有人到上面去告了一状。

陆总在车间里碰上了彭工和小韩。彭工苦笑了一下，说：“陆总，您听说了吧，其实我从来也没要过什么奖金，公司花那么大力气把我全家调来并安顿得这么好，我还有啥话说，只有拼命干。我是不愿意看着花了国家那么多钱买的设备，白白躺在车间里头成了一堆废铁，我更不服气那几个英国人的神气劲儿，偏就不去求他们。可是咱们几个哥们儿辛辛苦苦干了一场，还落得这么多不是，真是多干多错，少干少错，不干不错。不但没啥风险，还不受苦，该升官照升，该提职照样提职。不是就要求合格率达到80%吗？那还差20%，我不是办不到，可是谁愿意再干这种傻事儿？"小韩没说什么话，只说了几个字："真没意思，还不如调走。"

陆总听了这个很难受，可是又觉得没啥好主意。这事儿是真棘手啊，谁也不好得罪，归根到底，这公司还是得靠大家一块儿干呢。他叹了一口气说："哎呀，这些人可真难对付啊！"

初心不改
中国案例教学研究开拓者余凯成

九、研究所骨干为啥留不住？

鲍尔敦一个人在实验室外侧的办公室里坐着。屋里静悄悄的，组里别人全走光了。刚才有一名女实验员走过他桌前，停下来聊了几句也走了。老鲍把坐姿调整一下，使自己更舒服点，不无得意地瞅着桌子上那套光子元件第一轮测试结果的记录。

他就是喜欢在人家全走光了以后独处的感觉。被任命为新的课题组组长这件事至今于他还挺新鲜，仍能使他深深地体验到一种快感。他的目光在盯着图表，可是脑海里闪现的，却是研究所副所长，德高望重的季澜德多次对他说的一段话："在咱们所，如今你可以有大展宏图的机会。海阔凭鱼跃，天高任鸟飞，你有多大本事全使出来吧。想干啥就能干到啥，可以说没什么能限制你才能发挥的。"想到这儿，老鲍就又一次感到高兴，他自言自语地说："好，这下子老子总算搞出了名堂来了！货真价实，可不是跟谁开玩笑的。"

他是五年前调到这个应用物理研究所的。有一回，他在对几个报废的克兰逊元件进行常规测试的过程中，忽然灵机一动，想到了光子耦合器。季副所长知道后，很重视也很热心，很快就拨出了几个人成立了一个单独的课题组，专门负责该项目的研究，想进一步开发这种装置；所以他荣任这个课题组组长，就是理所当然、众望所归的事了。对老鲍来说，有点像奇迹。"看来，我老鲍是时来运转了。"

他刚想静下心来，埋头查阅手头的实验记录，就在这时，他听见有谁进了屋，而且站在了他身后。他满心以为准是季副所长，因为季老也常待到很晚才走，有时会折进他的屋里来跟他聊上几句。每回遇上这种情况，老鲍总觉得那天过得特别愉快。

可是，这回却不是季老，而是一个陌生人。他30出头，个子高高瘦瘦的，脸庞黑中透红，似乎经历风吹日晒，戴了一副框架眼镜。他穿一件旧牛仔上衣，脏脏的，显得不太修边幅。最古怪而显眼的是他挎着一个土黄色布包，下边带有穗子的那种，看起来有点不伦不类。

初心不改
中国案例教学研究开拓者余凯成

这个陌生人微笑了一下，就自我介绍说："我是费士廷。请问您是鲍尔敦同志吗？"老鲍说："正是。"于是相互握了握手。那人接着说道："季副所长说我可能在这间屋子里找到您。我刚跟他谈到您这个课题，我对您这里搞的这项研究很感兴趣。"老鲍于是向旁边一张椅子摆了摆手，示意他坐下。

这位老费看来不像是平时来访者中任何一种类型的人：不像从大学或兄弟研究所来的，也不像是从仪器仪表公司来的；更不像从上级部门来的。老鲍指着桌子上那堆纸说："喏，这是我们搞的实验的初步结果。我们是发现了一种新玩意的苗头，可还没弄懂是怎么回事，还没搞完，不过我可以把正式实验的那一节给你翻翻。"

老费于是接过那堆材料，专心致志地看那些图表。过了一会儿，他抬起头来，嘴上挂着有点古怪的笑意，微微露着牙齿，说："这看起来有点像是詹宁斯曲面的一段嘛，是不是？我一直在搞曲面自动相关函数之类的名堂，想必您准是懂得这些的。"老鲍有点发蒙，他对老费说的那些东西其实根本一无所知；可是他却未置可否地以含糊一笑作答。但他随即感到有点不安，就说："来，让我给你看看我们正在搞的那个宝贝吧。"说着就领头向实验室走去。

后来老费走了。鲍尔敦把桌上的图表、材料往边上一推，心里感到一种莫名其妙的烦恼。然后，就像突然拿定了什么主意似的，赶忙把房门锁上，故意绕了一圈路，好打季副所长办公室门前走过。可是那间办公室已经锁上了。老鲍有点怅然若失，心里在算计着季老会不会是跟那个姓费的家伙一块走的。

第二天上午，老鲍就上副所长办公室找季老，谈老费昨天与他谈话的事，还问这老费究竟是何许人也。

季副所长说："来，先坐下。我正想找你谈谈费士廷的情况。你觉得他这个人怎么样？""我们正在调他来这里，基本上没啥问题了。他在好几个研究所干过，底子相当好。对于咱们正在搞的课题，他好像有些新点子。"老鲍听了点点头，心里却在说，千万别把他安排到我这个组里来呀。

季老接着说："我们还没定下来将他最后放在哪个组比较好，不过他好像对你们组搞的题目很感兴趣。我想可以让他跟你们一块干上一阵子。要是他挺合适干这活，再正式算你们组里的人。怎么样？"老鲍心事重重地点了点头，说："那好吧，他好像肚子里事先就藏了些点子了。我们希望他能待下去，有了他，我们挺高兴。"

初心不改
中国案例教学研究开拓者余凯成

鲍尔敦朝实验室走时，内心复杂矛盾，酸甜苦辣，百味俱全。他对自己说："姓费的来，对我们组是有好处的，他是个能干的人，准能帮我们组搞出些名堂来。"可是，他马上又想季老上回说到过的一段话。他说："谁在这个课题攻关里能搞出比较好的成果，谁就能走到最前头去，所里就会提拔谁。"这话如今听起来，好像就带有几分危机色彩了。

过了三四天，老费才露面。他解释说，头几天他都忙着搞调进手续，今天上午一直在跟季副所长谈话，还一块吃了午饭，谈的是应用物理的发展动向、所里应当开拓的方向，还有究竟派他到哪个组来最妥当的问题。老鲍说："这个问题我跟季老也聊过，我跟他都觉得你还是先跟咱们一块干一阵子再说为好。"

老费微笑了一下，说："我倒很愿意在这儿干。"他带着胸有成竹的自信神情，就像那天他谈起那个什么"詹宁斯函数"时的神情一样。

老鲍于是把他介绍给本组其他组员认识。老费挺随便地跟大家一一握手，只有跟林克不知怎的，马上一见如故，大有相见恨晚的样子。这小林是两年前从一所名牌大学数学系硕士毕业分配来的，数学方面很强。他跟老费没谈几句，就十分投机。那天下午他俩一直都在讨论一种数学分析模型，津津有味。这是小林近来总在操心的事，这下可遇上知音了。

那天晚上，鲍尔敦离开所里时，已是满街灯火，都快 7 点了。其实这一整天他都在急切地盼望着下班的时刻早点到来，等着大家全走光，他好静悄悄地独自留下来，放松一下，把事情好好地过一遍。他问自己："都有什么事情要过一遍？"他自己也说不上来。好不容易熬到下午 5 点，人们纷纷离去，可是偏偏费士廷留下来没走。"这小子想干什么，难道要故意跟我过不去，把我所向往的一天中最平静的一段时间给毁了吗？"老鲍心中升起了一股无名火。

费士廷似乎并没觉察也不在乎鲍尔敦的情绪，他稳稳当当地坐在靠窗口的桌旁细心地读着刚搞到手的这个课题去年进展情况的总结报告，一点没显露出要走的意思。"他倒稳坐钓鱼台呢，哼！"老鲍闷声不响地坐在自己的办公桌旁，随手在一张废稿纸上胡乱画着。他憋着一肚子闷气，觉得时间过得太慢。"简直像是决斗似的，有他没有我！我偏要跟他顶住牛，看谁先走。"他不时斜眼瞄一下

初心不改
中国案例教学研究开拓者余凯成

老费，见他看得那样聚精会神，那样仔细，有时又翻到前面已看过的段落，似乎是在核对什么，心中平添了一些紧张。"我倒要看看你能从里面找出啥岔子来。"

可是老鲍终究是有涵养的人，都忍住了。他自己也奇怪："见鬼，我这是怎么回事？"

6点40多了，老费终于合上材料，站起身来，于是他们俩一块离开了实验室。老费把材料带着，说是晚上回去再研究研究。

老鲍恢复了平静。他问老费，这总结是不是把去年的情况全写清楚了。老费回答着，脸上带着明显的诚恳："太棒了！这总结写得真好，它的内容也好。这是了不起的实验！"

这评价有点出乎他的意料，老鲍如释重负，松了一口气。当他在大门口跟老费握手道别时，他似乎兴高采烈起来了。

鲍尔敦一边骑车回家，一边琢磨着费士廷的情况。他开始对老费来本组抱着积极赞许的态度了。老实说，以前小林对这个课题也做过不少数学分析，但他一直没有搞懂。要是小林搞得有啥毛病，如今来了老费，准能看出点问题。"可是，这个老费，他至少在待人接物、处事为人方面，算不上老练。"他喃喃自语道。

他一回到家，就把费士廷的情况向爱人小杨生动地描述了一番。她觉得老费挎的那黄挂包挺可笑。"那可是朝山进香的老奶奶、大嫂子才背的呀！"老鲍也笑着说："他拜不拜菩萨，这倒无所谓；我怕的是他若是那种专爱逞能，一天要当两回天才人物的人，那这组里的日子可就不好受啦。"

初心不改
中国案例教学研究开拓者余凯成

老鲍已经睡了好几个小时了，忽然被电话铃声惊醒。他一边披衣起床，一边暗暗地骂着哪个该死的傻瓜半夜三更打电话。他睡眼惺忪地拿起电话一听，原来是老费。

按说半夜惊扰人，总得先说一声对不起，可是这老费没道一声歉，而是兴奋地谈起他读着报告突然来的灵感。他先对小林写的那一段分析进行一番评论，然后又突然谈起光子耦合器设计中一种完全不同于现有方案的新主意来了。老鲍强打精神，不想让对方感到他无动于衷，甚至有点像泼冷水，所以尽量耐着性子。可老费没完没了，似乎毫无倦意，没顾到这是凌晨两点。老鲍半睡半醒，听老费眉飞色舞地谈着他的新发现，心里老大不快。这也许算不上什么了不起的新主意。不过老鲍心里也暗地承认，老费所说确实也显示出他们以前所做实验的内在弱点，说明实验所依据的逻辑路线肯定是说服力不太足的，是有毛病的。

当他终于回到床前，准备再睡时，小杨充满睡意地问："是谁？有啥了不起的事，这时来电话？"老鲍闷声闷气地回答道："还会有谁？不就是刚来的那位天才！"

第二天上午，本来要开例行的课题组员会议，但费士廷急于要介绍自己昨晚对小林所做分析论证的新看法，于是整个上午都用于他和老费、小林三人之间的讨论了。他们一块把老费前一天晚上所做的分析再仔细检查一遍。

随后好几天，费士廷都是一个人坐在他的写字台前，埋头细读过去半年实验研究工作的进展总结，别的啥事也没干。老鲍不断提醒自己，老费说不定又会整出什么意料不到的花招来，可得留点神才对，但他觉得自己的情绪确实有点反常，显得有些神经过敏。他一直注意约束自己，要韬光养晦，要谦虚谨慎。他心里对自己这个小组在光子测量器械方面开拓性的进展一直是十分自豪的。现在，突然一下子，他没有啥把握了：看来费士廷可能轻而易举地揭示出他原来的研究所遵循的思考路线是靠不住的、破绽很多的，甚至是缺乏想象力的。

初心不改
中国案例教学研究开拓者余凯成

老鲍这个组有一个惯例，就是要定期开全体成员会议，所有人都要参加，包括那些年轻的、文化水平较低的见习实验员在内。在这种会上，要向大家介绍和解释本组课题的进展情况，包括已取得的成就和下一步打算。尽管有些人听不懂，甚至一些人对基础性知识也不了解，必须进行补课，但老鲍觉得绝不应轻蔑地把群众斥为"外行"，群众中蕴藏着巨大的智慧，"三个臭皮匠，顶个诸葛亮"嘛！对于本组重视发挥集体力量，把大家凝聚成一个和谐的"团结战斗小组"的光荣传统，他是由衷地感到自豪的。

老鲍觉得这种小组会于他还有另一层意义。要是光凭他一个人动脑子来领导这个组，他总觉得没什么把握。如今有这么一个小组会来撑腰，有这么一条强调集体作用的原则来指导，他信心倍增。

这回又照例开这种课题组会了。老费是头回参加，他正在跟小林就什么数学模型谈得起劲儿。组里另几名资历较长的助理研究员文远达、伍文斌、乔天俊都默默地等待着，另一边则是被叫作"老大姐"的实验员李芬和两名年轻的见习实验员王晓玫和马艳霞。

老鲍先提出了今天的讨论题目是改进一种线路。老文马上提出异议说，这是个老大难，已经讨论过几次了，都解决不了；情况已经相当清楚，按组里现有实验设备和其他条件，这个问题目前还解决不了，再研究也没啥用处，不如讨论别的问题。

谁知费士廷一听"解决不了"这句话，马上就来劲了，像是被注射了兴奋剂似的，刨根问底地要了解这个问题的详情，并且走到墙上挂的小黑板前，一边听大家介绍，一边在黑板上列出人们七嘴八舌讲出的情况和论据的要点来了。

才听大家谈不了几句，老费就独树一帜，明确表示不同意这个问题解决不了的说法。他开始振振有词、滔滔不绝地分析下去，使人觉得他似乎早有周密准备似的，尽管老鲍知道他不可能事先就知道这个问题，更不会知道今天要讨论它。伴随着老费说服力极强的论证，大家都感到原先想放弃它不搞下去的理由站不住脚了。老鲍不由得在心中赞叹，"老费是真有两下子"，对他那种有条不紊、逻辑严密地表达出自己想法的方式，有了深刻的印象。

不过老费忽然话锋一转，评论起这种小组会形式本身的方法论方面的缺陷来了。他说，人们十分推崇的这种群体思维型的分析方法，未见得总是最好的。他承认集体的结论多半会优于全体个人见解的平均水平，但却未见得比集体中优秀人物的见解高明；因为真理往往掌握在少数人手中，先进人物的思想不为多数落后群众所理解，反有被大家以集体压力压制甚至扼杀的危险。他说话带有一点诡辩的气味，让人很难反驳。他不无讥讽地说，这种"群体决策"的方式是一种中庸之道，往往导致"不解决任何问题的老生常谈和十分平庸无奇的结果"。

这话当然对于老鲍来说十分刺耳。他发现小林故意两眼盯住地板，老乔皱起双眉，老伍和老文则相继对他投来意味深长的一瞥。于是他又感到了几分沾沾自喜：看来群众

初心不改
中国案例教学研究开拓者余凯成

是不接受老费这套奇谈怪论的,而且他的这套说法是跟所领导一贯倡导的集体主义精神格格不入的。

后来,老费又回到那个老大难问题上,坚持认为它是可以解决的。他说他愿意把这问题带回去,再好好想想。

上午会议结束时,由老鲍做总结性发言。他强调这个会还得继续开下去,因为仅是一个原来以为解决不了的问题,如今在会议上发现了有解决的可能这一事实本身就已经雄辩地证实了这种会议的价值。老费听了,马上声明说,如果开会的目的是向全组吹风通气,让大家对情况进展有所了解的话,他一点也不反对开这种会。不过他仍坚持认为,要想取得创造性、突破性进展的话,这种会恐怕是没多大用处的,因为这种进展只有靠那些对问题有透彻了解、全部身心都跟那个问题结合在一起的人,才可能搞得出来。

于是,老鲍便对老费说,他对老费能谈出这些见解来感到很高兴。他又说,老费作为一个初来者,旁观者清,可以对本组依据的基础进行重新审查和质疑,这肯定对课题的进展有好处。老鲍还表示同意个人的努力是可能成为重大进展的基础的;不过小组会议的作用还是不容忽视的,它不但能把大家团结在一起,而且能帮较弱的组员一把力,使他们能赶上较强的同伴,共同前进。

这样，小组会便按传统方式继续定期开下去了。人们发现老费显然也喜欢起这种会来了，因为在这种会上，总见他口若悬河，剖析推敲，旁征博引，头头是道，简直是鹤立鸡群。对讨论的问题，他也总是准备得最充分。他是全组中的佼佼者，发展潜力更大，这点已毋庸争辩了。鲍尔敦因此也变得越来越忐忑不安，因为他很清楚，小组的实际领导权已经被悄悄地夺走了。

季副所长遇见老鲍时，总要关怀地问起费士廷近来的工作表现。老鲍只能如实反映老费所表现出的杰出能力。但老鲍有几次也想谈谈自己的顾虑与不安，却总是欲言又止，觉得难以启齿。因为他怕这样一说，反而暴露了自己的能力、自信及涵养等方面的弱点，何况季老必然会通过亲自考察及其他渠道，对老费的情况进行深刻了解。

渐渐地，老鲍开始怀疑对本组来说，费士廷的加入究竟是不是一件好事了。他虽然聪明过人，从智力上增强了本组水平；但这似乎不足以抵偿他对本组团结合作精神的瓦解带来的消极作用。例行小组会名存实亡，成了少数人甚至是个人的垄断。除了小林一人以外，其余的人几乎全不在费士廷眼中。他的粗暴无礼越来越明显，将他人的意见斥为无知妄说，不屑一顾，甚至嗤之以鼻。

初心不改
中国案例教学研究开拓者余凯成

　　他对别人的蔑视似乎在季副所长面前也有些表露,这是老鲍根据自己与季老的偶然谈话推测出来的。因为季老某次曾问及老文、老伍和老乔的表现和能力,并说是不是该分派给他们独立的实验与其他研究任务,却偏偏未问到小林,这使老鲍怀疑季老是受了费士廷对他们能力的不良评价左右的。

　　老鲍感到,费士廷的到来有点得不偿失,这已经不是他的个人偏见了。因为他在跟老文、老伍和老乔的个别谈话中,都已感到他们对老费有明显不快甚至反感。老鲍并没有煽风点火、添油加醋,而是他们自己提出的抱怨,说小组会上老费夸夸其谈,深奥费解;想追问一下,请他详细点儿深入解释一下,并补充点儿有关背景知识吧,他又马上显出不耐烦,甚至讥嘲别人"这还不懂""这是小学生也该明白的常识",使人家下不了台,下次干脆不开口了。当然老鲍在跟小林的谈话中,小林没表现出这种情绪。

大约在老费来光子仪器课题组半年左右，所领导给老鲍布置了一项任务，说是上级单位对这个课题十分重视，决定次月要在本所开一次现场会，国内有关的兄弟单位将来人参加，甚至还会邀请科学院几位知名学者莅临指导，要组里认真准备汇报材料。

按照惯例，这种会是该由课题组组长，也就是鲍尔敦本人来汇报的，材料也应由他准备和执笔。可是随着会期日益临近，他越觉得不让自己去当这汇报人可能更明智些，因为材料中不能不写进费士廷贡献的新论点，特别是那些高深的数学分析。说实话，对这些内容老鲍自知领会得不透彻，且不说介绍得不可能完整，就是在客人们提问质询时，也难应对自如。更糟的是，如果他汇报得不全面、不确切后，老费自己准会站起来补充或纠正，而且以这老兄的性格，他可不会给别人留面子，很可能评头品足、吹毛求疵，甚至极尽其挖苦讽刺之能事，使他十分难堪，当众出丑。报告中不提老费的论点或不让老费列席汇报会，都是不现实的，办不到的，也是说不过去的，这使老鲍颇为踌躇，举棋不定。

初心不改
中国案例教学研究开拓者余凯成

　　于是老鲍找机会跟季老私下谈了一次话，试探一下本所这位年高德劭的元老的意图。他吞吞吐吐地对季老说："按照惯例，这种汇报总是在高规格的小范围内进行的，老费作为一般研究人员本是不够列席资格的，可是鉴于他对本课题所做过的特殊贡献，以及他本人可能也很乐意能够出席，所以拟请他参加为宜。"不过，老鲍又转而委婉地补充说，"光让老费来而将组内其他同志排除在外会觉得这有欠公允，因为他们不但做过贡献，而且有些人资历更久，会挫伤他们的积极性"。季老听罢，眉梢一扬，略显惊愕，说："这不至于吧，他们谁都清楚费士廷在这课题开发中的特殊作用和地位，是会理解的。你们组的同志一贯都是比较通情达理的嘛！"然后他用十分肯定的语气补充道，"这次汇报会无论如何得让费士廷来列席"。老鲍听了，马上跟着说，自己也正是这种想法，而且他还觉得应当让老费而不是自己向来宾们汇报，因为对于这个课题的进展老费的贡献最大，让他汇报，正表现了对他才能的赏识，也是一种奖励，何况老费正迫切希望人们能认识到他的能力和功劳。季老听了，沉思了一下，点点头，说："好，就这么办吧。"事情就这样定下来了。

费士廷在汇报会上的表现不得不说是很成功的,他清晰的表达和精辟的分析相当精彩,一下子就吸引了与会者的兴趣和注意力,会场鸦雀无声,大家全神贯注,完全被他的讲演吸引了。介绍完毕,掌声雷动,然后是一连串热烈而兴奋的评论与提问。老费答疑时得体而中肯,自信而诙谐,顾盼自如,语惊四座,谁都不能否认,他完全可以称得上是这场汇报会上的"明星"。

当晚,所里举行了一次招待会,准备了茶点,不仅来宾们应邀参加,所里许多工作人员也都来了,其中包括老鲍课题组的全部组员,老费左右总围着一大圈人,如众星捧月;有的继续探讨他们的论点,有的谈论他的理论可以应用的方向,也有人好奇地探询他的来历,还有的人则极为赞扬他的才能。这后者中便有老鲍在内。

初心不改
中国案例教学研究开拓者余凯成

汇报会开完后两周左右，季副所长出国去了。他是应邀去国外参加一个国际学术会议的，属于短期出国，仅去三周多，便回来了。

抵家的当晚，行装甫卸，还未来得及到所里去，心中已急切想了解所里的近况，特别是那个光子仪器课题组项目的进展，便到他的芳邻，所党委书记老陈处去打听了一下。

老陈一面给他泡了一杯茶，一面从容地跟他说："你出去不到一个月，所里哪会出什么了不起的大事呢。不过你问起的光子仪器课题组，近来倒是有一个意想不到的变化——那位组长鲍尔敦调走了。"季老听闻大吃一惊，忙问："什么？什么？你是说老鲍离开我们所啦？这怎么可能？他上哪儿去啦？所里怎么没有挽留他？"

老陈说："后来我们才了解到，早在一个半月以前，他已经自己去市政府人才流动调剂办公室去登过记；很快又听说新疆要成立一个同类型的研究所，急需人才，尤其缺中年骨干，那边求贤若渴，待遇优厚，于是就通过市支边办公室跟人家挂了钩。这整个过程事先完全没向所里任何人透露过，而且办得果断迅速，等到基本上已经办妥，生米做成熟饭了，才到所里来谈。市委组织部事先来过文，转来省里指示——干部自愿支边，一律不得阻挠，只能支持鼓励。我们不是没找他谈过，婉转劝阻，好言挽留。但他去意已决，好像再没谈话余地，我们还能咋办，他三天前已经离此远去玉关之西，到那天山融雪、大漠飞沙之处另谋高就了。"

季老回到家里，感到沮丧、寒心、意外而困惑。这么说，他正是在开汇报会的前后去活动调出的？鲍尔敦来所已五年多，季老自忖与他私交甚笃，对他的才能也甚为看重。老鲍对老季给予的提携培养，也颇为感激，有时戏称自己为"恩师"。在这里前程远大，那又为什么要挂冠而去，而且这样突然，这样决绝呢？"支持边疆"当然无可厚非，但还有什么别的理由，使他对自己不告而别呢？季老百思不得其解，一夜辗转反侧，未得安眠。

初心不改
中国案例教学研究开拓者余凯成

次晨上班，季老发现桌端有老鲍留给自己的一封信。内容颇简洁，略谓他此次去新疆是为了支持边疆建设，响应号召，走得很急，未及面辞，深感歉疚。来所多年，对季老的关怀照拂和帮助指引，衷心铭感，将永远记住他这位仁厚善良的导师与长者。又说光子仪器课题组有费士廷在，定能胜任所需领导工作，比自己强十倍。有关事务已向组内同事交接清楚，今后还有什么觉得遗漏不清之处，他愿写信说清，云云。

季老阅毕，怅然若失。他知道所里不久前承接了航天部一项新课题，属于国家重点攻关项目。在征询老费意见，看他愿意留在光子仪器课题组，还是去搞这个新课题时，老费毫不犹豫地选择了后者，很快就要正式发布他担任该航天课题组组长的任命了。在国外时，季老就觉得棘手，该怎样把老费将另有重用的消息告诉老鲍呢？因为老鲍一直声称老费的到来，于他们组是巨大而及时的支持；他对老费的才能和对该组及他本人的帮助也赞不绝口。现在突然要把老费调离该组，一时又没有类似人才可以顶替，老鲍可能会舍不得，想不通。季老正觉得难以启齿呢……如今原来如此！

光子仪器课题组的工作自然蒙受了沉重打击。暂时只好先指定林克同志代理组长，并说明一旦物色到适当人选，便要来正式就任组长。

十、杨家糯米美食厂

杨利平是莹县杨家村的一位普通农民,不过人们早就知道他家有一种祖传绝招——烹制一种美味绝伦的糯米甜品杨家——八宝饭。他自称是这绝技的第五代传人。

早在清乾嘉道年间,他祖宗所创的这种美食就远近闻名,而且代代在本村开有一家专卖此种八宝饭的小饭馆。他的父亲直到解放初期还开着祖传小饭馆。

初心不改
中国案例教学研究开拓者余凯成

后来合作化，跟着又公社化，他爸又因病去世了，所以饭馆不开了，他成了一名普通的公社社员，大家几乎不知道他居然还保留了那种绝技。

20世纪80年代改革之风吹来，杨利平丢了锄把，又办起了"杨家店"，而他做的八宝饭绝不亚于他的祖上。

由于生意兴隆，他很快发财了。开头是到邻村去开分店，后来把分店开到县城乃至省城去了。

1987年，不知是他自己想的还是别人给他出的主意，在本村办起了杨家糯米美食厂。开始生产"老饕牌"袋装和罐装系列糯米食品来了。由于其独特风味与优秀质量，牌子很快打响。不用说在本县，在省里许多市县都很畅销，出现了供不应求之势。杨利平厂长如今已在经管着这家450多名职工的美食厂和分布很广的甜品小食店网。

奇怪的是，杨厂长似乎并未利用这大好形势去扩大纵深。他好像试都未想试过去满足还在扩大着的对他那独特产品的需求。外省市买不到这种美食，连本省也不是处处有供应。原因是杨利平固执地保持产品的独特风味与优秀质量。若小食店服务达不到规定标准，职工的培训未达应有水平，宁可不设新点，不渗入新区。杨利平强调质量是生命，绝不允许任何行为危及产品质量。他说顾客期待着高质量，而且他们知道他们所得到的杨家美食准是高质量的。

初心不改
中国案例教学研究开拓者余凯成

杨家糯米美食厂里的主要部门是质量检验科、生产科、销售科和设备维修科。当然还有一个财会科以及一个小小的开发科。其实该厂的产品很少有什么改变,品种也不多。杨利平坚持就凭杨家一绝这种传统产品,服务"老"主顾们。

杨家糯米美食厂里质检科要检测进厂的所有原料,保证它们必须是最优质的。每批产品也一定抽检,要化验其成分、甜度、酸碱度。当然最重要的是检控产品的味道。厂里高薪聘用几位品尝师,他们唯一职责就是品尝本厂生产的美食。他们经验丰富,可以尝出与要求的标准的微小偏差。所以,杨家美食始终保持着它固有的形象。

不久前,杨利平的表哥汤正龙回村探亲。他原在县里念中学,"文革"中回乡,80年代初便只身南去深圳闯天下。大家知道他聪明能干,有文化,敢冒险。只听说他一去十来年,靠两头奶牛起家,如今已是千万元户了。汤正龙来访表弟杨利平,对美食厂的发展称赞一番,并表示想投资入伙。

但他指出杨利平观点太迂腐保守，不敢开拓，认为牌子已创出，不必僵守原有标准，应当大力扩充品种与产量，向省外甚至海外扩展。

他还指出这个厂子目前这种职能结构太僵化，只适合于常规化生产，为稳定的顾客服务，适应不了变化与发展，各职能部门眼光只局限在本领域内，看不到整体和长远，彼此沟通和协调不易。他建议杨利平彻底改组本厂结构，按不同产品系列来划分部门，才好适应大发展的新形势，千万别坐失良机。

但杨利平对其建议听不进去，并生反感。他说自己在基本原则上绝不动摇。两人话不投机，语句激烈。最后汤正龙说杨利平是"土包子""死脑筋""眼看着大财不会赚"。杨利平反唇相讥："有大财你去赚得了，我并不想发大财，要损害质量和名声的事坚决不做。你走你的阳关道，我过我的独木桥！"汤正龙听罢拂袖而去，两个人不欢而散。

厂里干部和职工对此反应不一，有人赞扬杨厂长有原则性；有人则认为他认死理，顽固不化。

附录

主要经历

1932年10月1日：生于天津。

1937—1941年：避难于香港。

1941—1942年：抗日战争时期来到湖南临时省会所在地耒阳。

1943—1946年：就读于重庆南开中学。

1946—1949年：就读于上海南洋模范中学。

1949—1951年：在上海交通大学化工系学习。

1951—1958年：空军第八航校教员。

1958—1961年：辽宁绥中前所果树农场劳动。

1962—1983年：辽宁绥中凉水右派学习班学习（已摘帽）。

1963—1980年：安徽铜陵有色金属公司技术员、教员、工程师、科长。

1980—1981年：北京国际管理学院进修。

1981年：来到大连工学院（现为大连理工大学）管理学院。

1982—1983 年：美国旧金山加利福尼亚州州立大学访问学者。

1983—1984 年：美国马萨诸塞州巴布逊学院访问学者。

1987—1988 年：美国布法罗纽约州立大学客座研究员。

1990 年 3—7 月：加拿大西安大略大学访问学者。

1997—1998 年：作为"管理学命题组"成员，参加全国 MBA 联考命题工作。

2000 年：患脑溢血偏瘫卧床。

著作

1.《成功之路》（彼德斯与澳特曼合著，余凯成译），中国对外翻译出版公司，1985。

2.《管理案例学》，四川人民出版社，1987。

3.《组织心理学》（E. 薛恩著，余凯成译），经济管理出版社，1987。

4.《燃起人们胸中热情之火》，企业管理出版社，1989。

5.《国际经贸管理行为学》（莱恩与迪斯芬诺合著，余凯成译），社会科学出版社，1989。

6.《管理心理学》（H. 莱维特著，余凯成译），山西经济出版社，1991。

7.《组织行为学——理论与实践》，浙江教育出版社，1992。

8.《中国企业管理案例选编》前言，高等教育出版社，1992。

9.《中国企业管理案例》，中国经济出版社，1992。

10.《中国企业管理案例使用说明》，中国经济出版社，1992。

11.《组织行为学》（赫里格尔与斯洛科姆合著，余凯成译），大连出版社，1992。

12.《国际经贸管理》（P. 比米什等著，余凯成译），大连出版社，1992。

13.《管理案例教学指南》（林达斯著，余凯成译），大连出版社，1992。

14.《现代人力资源管理》，东北大学出版社，1994。

15."China Labor Challenge"中的第一章，英国EIU出版社，1994。

16.《中国厂长经理手册》，东北大学出版社，1995。

17.《中国企业管理案例续编》，中国经济出版社，1996。

18.《人力资源开发与管理》，企业管理出版社，1997。

19.《人力资源管理》（中国经典MBA系列教材之一），大连理工大学出版社，1999。

20.《当代中国工商管理案例研究》（第一辑 副主编）（国家自然科学基金资助项目），民主与建设出版社，1999。

21.《中国企业案例》副主编，国家自然科学基金会，1999。

科技论文

1.《威廉大内对日美管理的比较研究及其Z组织》.《外国经济管理》，1981年第5期。

2.《外在性与内在性激励》.《世界经济》，1982年第10期。

3.《惠普公司是怎样成为美国最佳企业的》.《经济管理》，1983年第9期。

4.《个性测量与人才选拔》（以笔名于念欣发表）.《外国经济管理》，1986年第1期。

5.《美国企业内部工资结构的设计》.《外国经济管理》，1987年第2期。

6.《美国实行职工股份制的最大企业——威尔顿钢铁公司》.《世界经济》，1988年第8期。

7.《中国职工奖酬分配规范》（第一作者），于1989年美国东部管理学会第三届国际管理会议宣读并收入论文集。

8.《工作场所的分配公正性——中国管理办法者偏爱的初步情况》（第二作者），第二届 国际人事与人力资源管理会议，1989。

9.《中国职工组织归属感研究》（第一作者），收入《首届中国—加拿大国际管理会议论文集》，1990 年收入《中国工业研究的进展》（第三卷），由美国 JAI 出版公司 1992 年出版。

10.《在相反条件下的理论测试——中国的管理激励》.美国《应用心理学报》，1991 年第 3 期。

11.《群体决策程序》.《企业政治工作》，1993 年第 1 期。

12.《中国大陆职工分配公平感研究》，1995 年收入《本土心理学研究》第 4 期。

13.《实力的动态平衡——合资企业成功的心理学基础》，1996 年收入《第四届俄中管理科学与工程国际会议论文集》。

14.《管理激励——关于中国国有企业的妇女的一项研究》（第二作者）.《美国应用行为科学学报》，1996 年第 3 期。

学术团体与社会兼职

1. 中国行为科学副理事长。

2. 中国管理案例研究会理事长。

3.《管理案例教学研究》主编。

4. 华南理工大学顾问教授。

5. 国务院经贸办"管理案编委会"常务副主任委员。

6. 美国布法罗纽约州立大学客座教授。

7. 上海交通大学管理学院、哈尔滨工业大学、辽宁大学、华东理工大学兼职教授。

8. 台湾大学心理学系《本土心理学研究》顾问编辑。

9. 北京大学光华管理学院国家案例库组建工程专家委员会副主任。

10. 中国广播电视大学企业管理专业"组织行为学"课程连环画式系列案例录像的设计者、编辑者、编导与讲解人。

奖励与荣誉

1. 空军个人三等功（1951年与1954年）和集体三等功获得者。

2. 译著《成功之路》获中国青年报社等"1986优秀畅销书"奖。

3. 辽宁省1985年省优秀教师。

4. 美国传记所"杰出教学服务"奖。

5. 《中国职工组织归属感研究》获中国－加拿大国际管理会议"最佳论文"奖。

6. 美国《世界名人录》1992年第11版收入。

7. 英国剑桥国际传记中心"国际杰出人士辞典"1992年第22版收入。